中国校本教研与校本课程数字出版平台
中国校本教研网 www.schooledu.com.cn
◎特别推荐◎

小学语文

YOUXIAO KETANG GUANCHA

有效课堂观察

林高明◎著

江苏教育出版社

目录

Contents

目录 Contents

目录

Contents

目录

Contents

课堂观察的意义

课堂观察是一门艺术。作为课堂观察者，必须与课堂中的师生感同身受。除此之外，观察者还承担着重要的责任，即其观察要有利于改进课堂教学，有利于促进教师成长，有利于加强行动研究，有利于激发校园活力，有利于促进学生成长。这也是课堂观察的意义之所在。

课堂观察就是观察者带着明确的目的，将身心融入课堂，在课堂中收集有用的信息并将其作为研究的依据。日本著名教育家佐藤学说："与教室里的学生和教师同呼吸，这是我观察的出发点。在想观察什么之前，先把自己当作教室中与大家共同生活的一员。我站在教室前面的窗口边，而同时我意识到自己正身处教室中。与其说我想在教室中发现什么，还不如说我想把教室中所发生的一切全部都收纳于心中。录像也是如此。我的目光如摄像机、照相机那样，不断反复地调整着焦点和广角，以期把所看到的一切作为一幅幅图像如实地记录下来。教学是充满活力的，如果我没能与教室中的一个个学生和教师共鸣的话，那么，真实而生动的观察是不可能的。"佐藤学先生就是通过课堂观察，感受着课堂中的气息，捕捉及解读着教室中一个个固有的风景。

支玉恒老师快 40 岁时才由体育教师转为语文教师，结果一教就教出自己的风格，教出了语文教学的名堂，在全国产生了很大的影响。其实，他刚上语文课时，感觉有点无头绪。他在回忆自己的成长历程时写道："没关系，听听别人怎么上。上课了，不管人家同意不同意，我推开门就去听课。老师见我傻傻的，而且挺真诚，也不好说什么。下了课，我就找上课老师研究讨教，有时也给人家提提意见。真奇怪，老师们不仅没有讨厌我，看样子还很欢迎我。于是，几年下来，我的听课笔记本堆了一大摞。我分别把它们装订成册，包上皮儿，还给它们起了好听的名儿，如叠翠、积玉、传芳、览胜，等等。"

1998 年，上海举行教材教法研究会，请支玉恒去讲课，当时年近 90 岁的斯霞老师也应邀到沪参会。斯老师听了支玉恒讲的《太阳》一课，课后特意找到他，跟他谈课谈了一个多小时。斯老师肯定了他的课，也给他指出了今后应该注意的问题。她说："你以后再讲课我还去听！"不久，她应邀参加了广东顺德的教学会，在会上又听了支玉恒讲的《高粱情》一课，而且对支玉恒进行了谆谆教导。在整个教学会上，斯老师从早上第一节课开始，一直到下午散会，始终端坐会场，认真听课、做笔记。她说："我最喜欢听老师们上课，最喜欢听大家讨论教学了，我要好好学习。"

特级教师支玉恒就是在持之以恒地进行课堂观察与研究中成长的。而斯霞老师的事例也说明，即便是作为名师，也要坚持进行课堂观察。

课堂是一部永难穷尽的、丰富多彩的书，需要我们去阅读、去研究。如果我们置身课堂，却习焉不察、察焉不明，就无法了解课堂教学的真谛与奥秘所在。在日渐一日的惯习中，我们不思不虑地沿着旧有的套路与方法行走，渐渐地失却了自己对课堂教学的敏感力、理解力、判断力，一切都变得习以为常，我们甚至习"非"为"是"。哲学家苏格拉底称，未经省察的人生没有意义。那么，在我看来，未经审察的课堂教学有时也是有害的、没有意义的。凡是缺乏以课堂观察为基座的改革，都是空中楼阁；凡是缺乏以教学诊断为基点的教学研究，必定是流于不切实际的空谈；凡是缺乏对课堂教学的透视与分析的教师，其教学的有效性必定是值得怀疑的。面对如此纷繁复杂、瞬息万变的课堂教学生活，我们要具备研究的心态、审视的眼光和反省的精神。只有学会怎样观察课堂、分析课堂、理解课堂、诊断课堂，教师才能创生出更为美好的课堂生活。

一、改进课堂教学

1. 不听别人的课，就上不好自己的课

改进课堂教学，创造高效优质的课堂教学生活，这是教育教学改革与研究的核心所在。那么，怎样使我们的课堂教学意蕴生动、精神丰

富、扎实有效呢？苏联伟大的教育家苏霍姆林斯基发现了改善课堂教学的有效途径——听课与分析课，也就是教学诊断。苏霍姆林斯基从教 30 多年来，给自己定出了一条规则：“如果我没有听过两节课，我就认为今天在学校里我什么事也没有做。”正是因为持之以恒地关注和思考课堂、诊断教学，他深刻领悟到了儿童心灵的秘密与教育教学的真谛。通过年长日久的“课堂教学诊断、分析与思考”，他领导帕夫雷什中学的全体教师创造了世界教育史上的奇迹。

通过教学观察与诊断可以达到“审问之，慎思之，明辨之，笃行之”的状态。对教学目标、课堂教学的实施、课堂教学效果等进行条分缕析，找出其优劣得失，探其根源，可以为后续教学提供可资借鉴的丰富资源。于永正老师如是说：“记得京剧大师梅兰芳说过这样的一句话：‘不看别人的戏，就演不好自己的戏。’演戏如此，教学也如此。我实习的时候，就是先听别的老师上课，至今还记得徐师附小李孝珍老师上课的情景。听优秀老师的课，就像读活的教育学、活的教学法，这与读书的感受是大不相同的，你走向讲台前以及走向讲台后务必抽时间听听别人的课。我要不是听了李孝珍、斯霞、王兰、李梦铃、左友仁、李吉林、张光缨、贾志敏、支玉恒、靳家彦、张树林等众多优秀教师的课，恐怕是不会把课上好的。可以这样说，不听别人的课，就上不好自己的课。”正是通过听课，他不断地汲取教育教学的真元之气，吸纳异质，塑造出属于自己的育人风格。通过课堂观察，观课者能不断地增长见识，从多见中得出远见与高见。

2. 推敲细节，见微知著

只有通过课堂观察，才能见微知著，才能从习以为常的课堂生活中发现与众不同的观点，才能不断地探寻教育教学的深层奥秘，从而获得独特的理解力与创造力。

比如，有位邵老师在课堂观察中记录了这样一个案例：一节校内公开课上，在品读《孔子春游》中的“水没有一定的形状，或方或长，流必向下，和顺温柔，有情义，是真君子”一句时，一位学生冷不丁地站起来，发表了让所有人惊讶的见解：“我觉得水见风使舵，是个小人。”不少学生听后禁不住笑起来，该生显得局促不安，等待着即将到来的质问。此刻，教师微笑着示意大家安静下来并一起来倾听他的理由。于是该生又大胆地说道：“‘水没有一定的形状’说明它缺少个性。‘或方或长’不是见风使舵吗?”一石激起千层浪，大家纷纷议论起来，于是教师鼓励学生间展开辩论。通过辩论，不仅让那位学生改变了先前的看法，还使全班学生深刻认识到：水不拘形态，流必向下，和顺温柔，它是一位有情义的真君子！在这位邵老师看来，这一片段淋漓尽致地体现了师生与文本的对话。

细细揣摩这一教学片段，它其实存在两处暗伤。

一是这一教学仍然是定格于文本中的“思想观点”，然后以此来强求一律。这种情况如同日本教育家佐藤学先生说的，在以往一般的教学中，儿童的感受与见解的个性与多样性，仅仅在教学的出发点上受到尊重的场合居多，在开始的阶段里，教师也能做到引发多样的见解，使学生意识到各自的差异，但终究还是会统一为“一个答案”。在这里，我们可以看到可称之为“日本型民主主义”的经营原理：上司暂且听取每一个人的不同见解，然后引导大家把见解归纳成统一的见解。在这种“日本型民主主义”的教学中，个体的多样性终究被消解在集团的统一性中了。

二是水作为一种意象，有多样性，可以说“上善若水”“柔情似水”，也可以说“无情如水”“水性杨花”。我们完全可以把自己的一些思想情感赋予水，这完全在于表达的需要，而不一定死板地认为水的品性就是一种。对于同一件事物，观察的视角不同，所得出的结果也会不同。水这一意象有非常丰富的含义，不能以一种意义否定其他的种种意义。要突现水的什么品性，最重要的是根据文本情境来分析，而不是生拉硬拽地使学生统一观点。

新课程倡导的是平等、共享式的师生关系。共享，要求师生在语文学习的过程中彼此要敞开心灵、真诚沟通、互相包容、共同分享。在这样的课堂氛围中，学生是知识的建构者，教师则是“平等对话中的首席”，承担着学生“精神指导”和“人格引领”的任务。于是，教学不再只是忠实地执行课程计划的过程，而是师生共同开发课程、丰富课程的过程。

3. 采百花之蜜，集百家之长

在我看来，课堂教学观察的重要意义之一就是，经由教学观察与诊断，教师可以明了何为好的教学、何为好的课堂，从而取人之长、补己之短，达到“采得百花酿成蜜”的效果，集百家之长成一家之“教”。

著名特级教师张康桥描述了他的成长历程：

市教研室的唐金平主任是个急性子。只要有他在听课，不要具体看课怎么样，只要看着唐老师的神情，就知道这课哪儿好，哪儿有问题。每当听到比较满意的地方，他就很悠然自得，一边笑着，一边记听课笔记。如果很精彩，他便很自然地昂起头，笑着环顾四周，好像在说，这就是好课。要是这个环节有问题，他则眉头紧锁，摇头叹息。如果纰漏比较大，他则坐立不安，眼睛瞪得老大，恨不得跑上讲台自己来上。老师们都戏称他为“课堂晴雨表”。因此，一堂课上完后，如果见唐老师笑哈哈的，不用说，好课！如果唐老师气呼呼地一言不发，赶紧少多嘴，这课不行。后来，尤其是赛课的时候，有许多青年教师边上课就边观察唐老师，他却浑然不觉。

2000 年 10 月，为了准备青年教师阅读教学比赛。经过校、区的选拔，我冲到了市一级的选拔赛，就这样边上课边看唐老师的反应，一帆风顺地出了线。接下来自然又是选课文、设计教案，最后确定了《大江保卫战》一课。11 月，市教育局组织了“名师课堂教学”展示活动，地点在燕山小学，我也在其中滥竽充数。在 19 日，我又要去金湖参加省“教海探航”的颁奖大会，所以我的课就被安排在第一节，我正好把《大江保卫战》试上一下，也听听各方面的意见。上课时，我习惯性地边上边看唐老师的反应。一开始，他乐呵呵的，后来他面无表情，不笑也不着急。这可把我吓坏了，因为从来没有出现过这种情况。有什么问题吗？好像没有，学生读得不错，说得也很好呀。我心里直发毛，因为这可是向全市校长、教导主任和骨干教师开的课，而且挂名“名师”呢！很快，我调整状态，不看这个“晴雨表”了。课上完了，自我感觉还过得去。

因为马上就要走，就不参加后面的活动了。唐老师把我叫到他面前，说：“课的好坏先不讲，我要问的是，你的眼睛看哪里？你应该看着儿童！”话语里隐含着责备。顿时，我脸红了。我知道，在课堂上，我是学生的，全部心思应该放在学生那儿，为学生的学习服务。

后来，我以《大江保卫战》这一课夺得了一等奖第一名，其中有一个重要的理由，就是体现了“为学生的学习服务”这一理念。

多少年来，我一直记得这句话，一直力图全心全意地关注学生，我的课堂教学也逐步由控制型逐步转向服务型，以至于有人评价我的课是真正属于对话生成的课。信心是在不断的激励中增长的，我逐渐不再依赖于学生的素养或习惯化的合作，也不再对教学环节进行精心的预设，教学设计也越来越简单，我只是根据学生学习的进展临场设计下一环节。当然，这要更深入地钻研教材，更准确地观察和了解学生，更要不断地提高自己的学养。与此同时，我的课也逐步走出了本市。随着展示机会的增多，越来越多的人邀请我去上所谓的示范课了。

有一次，我应邀到江南某校去上课，上的是《三借芭蕉扇》第二课时。在此之前，我在学校里也上了一次，反响不错，但我的同事钱友红提了个建议：“学生读书与发言时，你要一直看着学生。”当时，我没太在意，心想：这不难做到。事实上，在该校上课时，我的确做到了眼睛看着学生。可在评课时，一位教育专家指出：“在上课时，你眼睛是看着学生，可明显让人感觉到你在思考下一步的教学，这说明了什么？”随后他讲了几种类型的课：一是上课老师眼睛根本不看学生，这种课“等而下之”；二是上课老师眼睛是看着学生的，但这只是假象，上课老师还是按照自己想好的进行教学，这种课顶多算良好；三是上课老师真的看着学生，但不够从容，课是好的；四是眼睛真的看着学生，但看不出老师思考的痕迹，一切仿佛都是自然而然，此乃课之上品。言外之意，我的“内功”不够。这个“内功”绝不是某个细节或技术的问题，而是人的全方位的素养。我想，课要上到上品的地步，首先人要修炼到上品的境界，然后才能进入“课如其人”的状态，进而达到炉火纯青的境界。

课堂教学是一门追求完美与完善的艺术。刘勰在《文心雕龙》中提出：“操千曲而后晓声，观千剑而后识器。”对于课堂观察来说，可以这样形容：观千课而识理，思万课而得道。老子在《道德经》中谈道：“故善人者，不善人之师；不善人者，善人之资。不贵其师，不爱其资，虽智大迷，是谓要妙。”意思是：善为的人是不善为的人的老师；不善为的人是善为的人所凭借的资本。不善为的人不尊重善为的人，善为的人不爱惜不善为的人，虽然看似聪明，其实是大大的糊涂，这个道理实在是精深微妙啊！因此，通过他人对我们课堂的观察与评议指导，就能够不断地改进我们的课堂教学，使之臻于妙境。

二、促进教师成长

教师要获得实践智慧，必须经由细致深入、持之以恒的教学观察、教学分析、教学诊断，并在此过程中不断地积累经验、积蓄力量、积淀思想。

教学诊断于教育学者而言是研究的根底与核心。作为教育现象学的一代宗师马克斯·范梅南先生，在课堂中潜心研究了 40 多年。他将生活经验与教育实践联系起来，对课堂教学进行诊断，揣摩研究教育教学的真正意义。而教育教学的真义从来就蕴藏于课堂中，为探求教育教学的奥秘，许多令人崇敬的教育大家，如佐藤学、叶圣陶、陈鹤琴、叶澜……冲决书斋的藩篱，长期扎根于课堂，在课堂中创生出富有生机的思想。

“谁在努力分析自己的课的优点和缺点，分析自己跟学生的相互关系中的问题，那他就已经取得了一半的成功。”从许多名师专业成长的履历中，我们不难发现这一点：正是他们坚持不懈地进行教学诊断，才获得了与众不同的专业判断力与创造力。我在自己的专著《课堂观察——顿悟的艺术》中提出这样的观点：没有对课堂的观察、分析和诊断，在纷涌而来的教育思潮和流派中，我们显得无枝可依，更多的是“矮子看戏何曾见，只是随人道长短”。除了捉襟见肘般地守着习以为常甚至习非为是的教育教学方式，我们真不知何去何从。浑浑噩噩是无法使自己的精神在课堂中直立的，依违两难是无法在教室里获得自由的天地的，稀里糊涂是无法走进学生的心灵深处的。唯有通过教学诊断，才能真正了悟与洞达课堂教学的困难、乐趣、智慧。

“一个努力提高自己的教师，不断地处理着理论与实践的关系，好像是在用理论的光芒照亮自己前进的道路，这是他成长和积累丰富经验的基础。”通过课堂观察来吸收别人教育教学的艺术与技术，做到融会贯通，自然能形成属于自己的教学艺术。美国心理学家班杜拉反复强调，人类的许多行为都是通过观察他人的行为而习得的。班杜拉认为，观察学习受注意、保持、动作再现、动机这四个方面的影响，如果缺乏其中任何一个方面，观察学习就是失败的。

特级教师薛法根写道：

机遇偏爱有准备的头脑。一个人的成长需要自身的勤奋与坚守，也需要走向成功的机遇，而这种机遇是可遇不可求的。有时，机遇还会蒙着面纱，以“苦差”的面目来到你面前。1990年，学校承办“两省一市”小学整体改革研讨会，要上两节展示课，其中有一节作文课。当时，作文教学还是一个谁都不敢轻易尝试的“禁区”，特级教师也极少上作文公开课，都认为在作文课上无法了解学生、无法把握课堂，因而心中没有底。所以，学校没有人愿意承担这个“苦差”，而我初生牛犊不怕虎，一口应承了下来。满以为精心准备就可以一鸣惊人，谁料想课上砸了！尽管没有人嘲笑，没有人批评，但无形的压力沉重地落在了我的心头。我暗暗地下定决心：从哪里跌倒就从哪里爬起来！就此将作文教学作为我自己的研究课题，并从模仿“素描作文”起步。“素描作文”就是像素描写生一样，将所见的景物、事件如实地、生动具体地描述下来。素描作文是我国语文教学园地所开出的一株“奇葩”，而我则将这株“奇葩”移植到自己的作文花园里。我努力学习吴立岗教授的“素描作文教学理论”，认真琢磨“素描作文教学的代言人”——贾志敏老师的每一堂录像课，从中提炼出作文教学的技巧和要领。我还在自己的班级里模仿贾老师的课，一节一节地上，细心体会每一个教学细节的精妙之处，揣摩贾老师点拨、评价、激励的语言艺术。渐渐的，我在课堂上常常有豁然开朗之感，觉得自己有了底气，学生有了灵气，课堂也有了生气。毫不夸张地说，我的作文教学功底就是在这一堂堂模仿课中练就的。“功夫不负有心人”，这句话一点都不假。1993年，我在泰兴举办的江苏省“教海探航”征文颁奖大会上，上了一堂自己构思的素描作文课——“奇妙的魔术”，得到了在场听课的3000多名教师的一致好评，就连负责摄像的老师也连连夸奖说：“我拍了十几年录像课，今天的作文课是最精彩的。”

3年的实践，还让我领悟到：模仿，最终是要学会自己走路，走自己的路。齐白石曾经告诫弟子：“学我者生，似我者死。”模仿，求的不是“形似”，而是“神似”，是在模仿、借鉴、融合的过程中凝结出自己的智慧之花、实践之果。我从模仿素描作文、读写结合起步，创出了读中有写、写中有读的“阅读、作文一体化”教学模式，走出了一条语文教学“低耗高效”的新路。我借鉴情境教学理论、“三主”教学原理，并将其融入自己的语文课堂，提炼出了“读、联、悟、习”课堂教学模式，形成了“教得轻松、学得扎实”的教学风格。佛家悟禅有三重境界：看山是山，看水是水；看山不是山，看水不是水；看山还是山，看水还是水。教学不也有这样三重境界吗？发现、融合、创新，这是一条从模仿起步而走向“灯火阑珊处”、悟到教学真谛的必由之路，这也是一条走向自由而幸福的科研之路。教育科研，是你为机遇所做的最好的准备。

从薛法根老师的成长历程中我们可以看到，课堂观察与教学诊断加强了研究与实践的实效。这样更有利于形成个人化的理解与课堂教学思想。尤其重要的是，通过课堂观察，教师能够不断地加强专业判断力，拥有灵心慧眼。

一位教师在分析课文《为中华之崛起而读书》时问学生："周恩来这时几岁？"学生们齐声回答："十二三岁。"教师又问："同学们，你们现在几岁？"学生回答："十二三岁！"教师逼视学生："你们的年纪和当年的周恩来差不多，你们有他这样伟大的志向吗？"学生不假思索地说道："没有！"教师说："是的，我们谁也没有他这样伟大的志向！可是，周恩来从小就有，多么了不起啊！"对于这个片段，细心的评课者发现了问题：有些教师在教学中总是有意无意地让学生一次又一次地"跪下"，在涉及那些赞扬伟大人物或英雄人物的内容时，总是在不经意间拉大了学生与文本人物的距离，用贬抑孩子自身形象的方法来抬高伟人，引导学生用教徒般虔诚的目光去仰望文本中的伟大人物。评课者最后总结：教育本应该让人活得自信、有尊严，而不管面对的是怎样伟大的人物。这种观察真是力透纸背。

苏联著名的教育家阿莫纳什维利在《孩子们，祝你们一路平安》一书中指出："教龄和经验、经验和技巧，这些概念的含义是等同的吗？不一定！这完全取决于教龄及其包含的经验是由怎样的成分组成的。重复同一内容的十年经验与创造性探索的十年经验，这是两种不同质的教龄！"的确，有时一个人在极其复杂的条件下进行一年教学工作可以抵上两年教龄！我认为，区别一下教龄与教育经验，创造出区分二者的一种量表，这不是坏事。这样，在评价教师的工作时，可能会发生这样的情况：5＝15，10＝40。教师只有经过这样的一种观察与研究，才能够使自己的经验更富有创造性、更具有价值、更具有生长意义。

李镇西的著作《从批判走向建设》便是对课堂教学生活细节的不断省思与剖析。他通过对教学的诊断、在观课间观心，追问教育教学中真正的重心所在。就在解剖别人与解剖自己的千锤百炼的过程中，他对教育形成了独特的理解，并拥有了匠心独运的教育智慧与教育艺术。

再看看窦桂梅老师，她的成长与教学诊断也是分不开的。她总是认真地面对他人对她的课堂教学的诊断，同时，她对自己听过的上千节课进行认真的分析与诊断，还写下了上百万字的听课后记。她的《梳理课堂》就是从教学中师生的一言一行中透视教育的智性与困惑，真正是从小处显精神、于细微处见理念……

这些教师在教学诊断中对课堂教学进行解构，渐渐的，他们如庖丁解牛般游刃有余而又哲思流转。他们在扬弃中重构，这种重构其实是“凤凰涅槃，浴火重生”的历程。细细寻绎他们的课堂观察、诊断与品析的进程，他们的确可称是“技进乎道，技系于道，道导于技，道技合一”。至此，我们就会彻悟：名师是这样炼成的！教师的思想是这样凝成的！面对纷繁复杂、变动不居的课堂世界，我们永难穷尽其所有的问题。诸如课堂中教师的期待、课堂管理、师生的生命状态、教学策略、学习的动机……正是许多不解之谜引领我们不由自主地深入探究并产生了“在心灵的神圣的战栗中如痴如醉（爱因斯坦语）”的感觉。

三、加强行动研究

教师教育的主阵地在课堂，他们对课堂生活非常熟悉，但也因熟悉而难以深入地去探讨、去研究课堂。就像俄国著名教育家乌申斯基一针见血地指出的：这种单调无味的活动能够麻痹人的智慧，并且使人习惯于无意识的行为。机械的教学过程、对淘气儿童进行令人厌倦的照看，都不能给智慧的发展提供粮食，同时也不能使智慧得到在从事单纯的体力劳动时所得到的那种自由……当一个人在第一百次讲解他早已背熟的材料时，他就既像在思考，又不像在思考，他的理性不由自主地陷入一种半睡半醒的状态。由于习惯而造成的这种状态变得既甜蜜又诱人，使人不由自主地陷入一种昏晕状态。教学活动的这种使人昏晕的影响是很容易发现的，因而常常会遇到这样一些人：他们在教育工作中没有发现那种通过深入研究才能产生的兴趣，而是在发现了教育工作在自己身上产生的昏昏欲睡的作用之后，就退出了教育舞台。确实，如乌申斯基所揭示的那样，如果在课堂教学中，教师没有一种清醒的研究意识、问题意识、改进意识，没有带着“每一天都是新的”婴儿般的心态来面对每天的课堂生活，那么，我们就会在日复一日、年复一年的重复性、机械性的劳作中迷失心灵、迷失自我，从而在内心深处把教育教学工作及上课当作单调、无聊、乏味的事儿。

课堂观察能够引导教师过一种研究性的教育教学生活，而这种生活是根植于课堂本身，是与教师自身的职业生活息息相关、不可须臾或离的，它让教师带着审视、探察、改变的心态进入每天的课堂，在此基础上发现教育教学现象及其变化之间微妙的关系。苏霍姆林斯基在《怎样学习别的教师的经验》中写道：“学习别人的教育经验是一件很复杂的事，是一种创造。”有效的方法就是进行大量的课堂观察，但是，如果没有方法意识，就无从下手，只能茫无所措地东听听、西听听，在不同的课堂与不同的教师那里，观察到的是一些“如此不相关联，如此支离破碎”的片段，这些细节有时很难构成你进行课堂教学思考的养料，反而会造成“不看还明白，越看越糊涂”的效果。这正如苏霍姆林斯基所说的：“如果你一个挨一个地去听所有教师的课，那是很难得到教育技巧的要领的。”

苏霍姆林斯基建议我们先看看所有低年级学生的练习本。如果发现绝大多数儿童练习本里的字迹端正秀丽，错别字很少，那么这就是个明显的征兆——在这个班里可以学到许多东西。学生的练习本是全部教育工作的一面镜子。于是，我们就可以到这个班的教师那里去听课。我们仅仅要听写字课，因为练习本里包含着全部教育过程的成果，字写得好坏，既取决于儿童阅读得怎样，也取决于他们阅读的数量。

如果不深刻理解教师所做的全部工作，不了解他对儿童所施的影响如何，那对他的教育经验的任何一个方面就都理解不透。起初，我们到有经验的教师的班上去听课，只是为了了解他是怎样教会儿童写好字的，但是，最后却会发现许多好像跟所观察的对象并没有直接联系的东西，这时我们不必为各种现象的复杂的依存关系感到迷惑不解。要把别人的经验学到手，这首先意味着要理解一件事和哪些因素有关。否则，既不可能理解，也不可能学到别人的经验。要知道，学习优秀经验，并不是把个别的方法机械地搬到自己的工作中去，而是要移植其中的思想。向优秀教师学习，应当学习某种信念。

这样，我们就会发现，在那位由于学生的练习本吸引了我们的注意的同行的班上，学生的阅读能力也很强，他们能一下子就抓住好几个词和句子成分，能在读的同时进行思考。我们在仔细地观察阅读教学法，但是并没有发现什么意外的新东西。我们可以再去听一次课，也可以接连地听下去，然后把一切与自己上的课加以对比。我们如果完全照着他的方法教，但是结果却大不一样，那么就要深入地探索：良好的教学效果到底取决于什么？

我们要仔细地去问问学生，尽量了解一下他们的家庭生活情况，于是就会逐渐明白，良好的阅读是取决于多种因素的。比如，儿童在小时候听过哪些故事，有没有课外阅读的习惯，教师是否注意了知识和实际能力的相互关系，等等。这样就会得出结论：在教育工作中，没有一种结果是单靠某一项措施就能取得的——只要如此这般去做，就一定会得到这样或那样的结果。每一种结果的取得，往往都是由数十种乃至上百种乍看起来跟所研究、观察、探索的对象相距很远的、没有直接联系的因素决定的。

深入思考优秀教师的经验，将有助于我们看到：在自己的实际工作中，要取得某种结果，都取决于哪些因素。提高教育技巧，需要自己进修，而付出个人的努力，首先必须提高自己的素养。没有个人的思考，没有对自己的劳动寻根究底的研究精神，即使不断改变教学法，也是不太可能生效的。

我们对年长的同事们的经验研究和观察得越多，就越加需要进行自我观察、自我分析。在自我观察、自我分析的基础上，我们就会逐步形成自己的教育思想。

陈日亮老师在《如是我读》中写道："已经有很长一段时间，我的主要工作是听课和研究课例。听别人上课，收获实在不少。一节课听完后，常常会发现自己以往备课和上课的疏漏，在比较中有新的发现和思考，是很快乐的。听完课，读完课例，看看别人的分析评价，经过自己的观察思辨，即所谓‘览之而必察’‘研之而后精’，再写下一点心得，对自己的经验重新加以审视，觉得比过去上课还充实……便坐下来，敲起键盘，将上午所说的整理一遍，发给自认为未必听进去或未必听懂的他或她。如此渐渐养成习惯，即使不就写就发，我也一样经常整理所读所感，独自品尝自己的快乐。我曾经说过，自己不是一个思维清晰的人，总得把脑子里想的东西写出来，才知道真正想的是什么，想清楚了没有……”

在一次观课及研讨时，彭鹏翔老师提出这样一个话题：现在大家一直强调“快乐学习，学习快乐”。课堂内，大家一直为学生创设较为轻松的快乐的学习氛围，写作方向基本以快乐题材为主。不过，人的情绪有喜、怒、哀、乐四种，快乐只是其中的一部分。我们可以引导学生关注快乐的同时，引导学生关注另外一部分情感。有时候，痛苦、悲哀反而会给人更深刻的印象，可以促使一个人成长。教师要让学生正确认识痛苦、面对哀和怒，再引导学生排解这些情感，提高学生面对困难的信心，而不是以简单的快乐情绪去淡化这些情感。由此，我开始思考关于课堂情感体验的问题——学习体验应以快乐为主，但必须兼顾情感的丰富性。

在这个基础上，我去追索什么是乐学，什么是真正的学习的幸福。从许多教育者那里我们可以了解这一点。

乌申斯基在《论情感的培养》中写道：“教育的主要目的在于使学生获得幸福，不能为任何不相干的利益而牺牲这种幸福，这一点当然是毋庸置疑的……但只有在下述情况下这种思想才能成为指导思想：如果教育者不把幸福与享乐混淆起来，如果他能把幸福看作与人的心灵的真正要求相符合的那种自由的、无限的、进步的活动，而把享乐只看作可以伴随这种活动，也可以不伴随这种活动的附带现象。也许，在教育工作中，任何一个错误所引起的危害程度，都不可能像混淆幸福的概念与享乐的概念所引起的危害程度那样大，因为在那种情况下，教育就失去了意义。”

佐藤学先生提出：“一切的快乐都伴随着主体的苦痛，免除苦痛的地方不可能带来快乐。被动催生能动；磨砺衍生快乐。‘快乐的学习’浮现出这样的主体轨迹：在磨砺之中走向解放。”

李政涛教授认为：通过将这些生命的重负卸去而获得愉快，这种愉快是浅薄的愉快。真正的愉快的教育是让儿童学会以一颗坦然平和的心态，面对生命成长中的种种压力，并在解决问题的过程中保持乐观愉悦的心态，所获得的愉快是在承担重负过程中的创造的快乐。

……

通过这样的研究可以促使教师保持清醒的专业意识与成长意识。“学校这个教育实验室，是全体教师的创造性的结合体，是每天不断的智力交往，是精神财富的相互交流。对有经验的教师，应当听他足够数量的课，这是为了把他个人的创造性实验中一切有价值的东西，都吸取到学校的集体的教育实验室里来。”

四、激发校园活力

戴维·伯姆在《论对话》中谈道，普通的光“发散无序”，向各个方向传播，由于光线之间互不同步，因此无法聚合，但激光则能产生极其密集的聚合光束，都指向同一方向，因而能够聚集能量，激光能做到普通光线所做不到的事情，群体所形成的力量就像激光。课堂观察也像激光一样，就是通过对教育教学真理的探索来凝聚校园的精神活力。

课堂观察与诊断，不管是自我诊断、同伴诊断，还是专家诊断，都意味着使教师自身从“单打独斗”和“暗中摸索”中超脱出来。打开教室的大门，也就意味着敞开教师的心门，于是就有了教师与学生的对话、教师与教师的对话、教师与自身的对话、教师与历史的对话、教师与社区的对话、教师与研究者的对话……

苏霍姆林斯基认为，学校这个教育实验室，是全体教师的创造性的结合体，每天都在不断地进行智力交往，都在发生精神财富的相互交流。而教学诊断则是实现信息共享、情感共鸣、知识共用、智慧共创、思想共生的有效途径。

这正如阿莫纳什维利所描述的：“教育灵感的第二个源泉——这是同事们的经验和热情。我早就坚信，群芳斗艳的教育经验互相交流，百花齐放的教育思维互相争鸣，可以孕育出有意义的思想，有意义的思想与教育实践相结合可以给创造性的教育活动以推动力。”课堂观察、诊断及由此进行的评议，其意义在于：点点滴滴的教育经验与批判性思维的火花相接触可以孕育有意义的思想；而教育实践与有意义的思想相接触可以引发创造性的教育活动。

郊尾中心小学的一次校本教研活动给我留下了深刻的印象，它让我领略了集体教学反思及研讨的魅力与价值——“水本无华，相荡乃成涟漪；石本无火，相击而发灵光”。

例如，杨国英老师上的《泉水》（人教版二年级下册）第二课时，课上得很精彩。按惯例，杨国英老师先进行教学反思阐述，其后留 5 分钟的时间让听课教师回忆上课流程及课堂细节，独立思考并梳理自己的感想。接着，大家你一言我一语地分享课堂上令人心眼一亮的地方。

在进行精彩回顾之后，大家开始提出本节课中需要探讨的一些地方。杨兰娥老师描述了这样一个细节：杨国英老师在让学生展示自己的背诵成果时，学生们踊跃举手。杨老师请一位男生起来背诵，这位学生紧张得无法开口。杨老师微笑以待，眼里充满了期待与鼓励。孩子大受鼓舞，迅速调整自我，从容地背诵着，随着老师的目光及手势，将课文内容与自己的感情表现得淋漓尽致。杨老师见孩子表现绝佳，就放心地转身板书中午的作业。没想到，没有老师目光的暗示与手势富有节律的提示，学生顿时有点发慌，语调一下子显得平板，到了后来甚至有点结巴。直到老师重新转回身，满脸微笑并频频地点头，这个孩子才重振精神，流利地背诵下来。

说完这个场景，杨兰娥老师补充了一句话：“我们老师教学时要注意与学生的目光交流。”许多教师听了感叹不已。有的老师就议论自己的课堂教学的疏忽之处：“以往，经常一边忙着改作业，一边表扬某个学生，但眼睛不看着学生，所以表扬显得无力；在学生回答问题时，我眼睛总是看书，因此学生学习兴趣不高；在演示课件时，眼睛总盯住屏幕，不去关注学生……”黄春晖老师有点迫不及待地分析：“其实，认真探寻这些细节，我们就可能发现教育真理就潜藏在细微处。如杨国英老师忙着去板书，学生从这一举动中可能读出这样的信息：老师听他背诵显得不耐烦，或他背得不好！自然而然的，学生的情绪就会大受影响，甚至会感到沮丧不安。”我深受启发，便引述了佐藤学的观点：“佐藤学认为老师与学生在同一视线上交换目光是最基本的，他告诫老师要努力倾听学生无声的语言。”詹桂彬校长深有感触地说：“以前，我们从未对目光的影响力及教育意义有如此深切的体验！”徐玉烟老师有点兴奋地说：“同时，这里可能还涉及这样的问题：教师是否真正尊重每一位学生？老师与学生之间是否真正平等地进行对话？学生在回答问题或背诵时，老师的目光不与学生交流，自己忙着做其他的事就是对学生不尊重。”许元坤老师说：“因为没有目光之类的微妙的交流，课堂形成了师生自说自话的‘不应对性’，这就影响到课堂教学中师生平等的对话。”……思想在交流中不断提升，我们认识到这种“目光不接触”等一些看似微不足道的不关注学生的行为，实质就是我们的思想中残留着的“灌输式”教育的阴影（教师自顾自地传输，不注意学生的反应及课堂生命性状），是教师对学生整体生命的漠不关心。我们一直吁求尊重学生在课堂中的主体性，然而“知之非艰，行之维艰”。作为教育者，要增强教育的敏感力，从细微处关爱学生，向学生传导生命的温度与气息。英国著名教育家怀特海在《教育的目的》一书中指出，所有有实际经验的教师们都知道，教育是一个一分钟一分钟、一小时一小时、一天一天地耐心掌握细节的过程……

大家畅所欲言，意犹未尽。一起参加研讨的教师都觉得受益匪浅，大家深刻领悟到，教育教学的奥秘与真谛有时就在于教师的一道目光、一个点头、一句话中，课堂需要我们全身心地修炼。上课的杨国英老师感叹道："好的课堂就是要在细节处精益求精！因为细节的背后是思想与理念。"在其后的日子里，很多教师联系马克斯·范梅南提出的方法，通过手势、眼神、语言、气氛、情境、沉默等方式来调整自己在教育教学中的细节。只有耐心地掌握细节，改善课堂生活，才能使教育真正成为师生生命"共融共生"的愉快旅程。

由此可见，集体教学反思有利于打破教师间"各自为政"的壁垒，让教师彼此敞亮心扉，走向平等对话。在如切如磋的研讨中，大家由此及彼、由人及己、由近而远、由事到情到理，在视界融合间，走出画地为牢的狭隘，相互取长补短，从而获得更为深刻与独特的教育理解力。这些启示我们：思想总是在宽松、和谐的气氛中诞生，教师的教育教学生命在集体反思与研讨中得以提升！

理想的课堂观察与教学诊断也是一种自由的思想探险。只有在自由的氛围中探讨交流，教师才可能基于自己的立场，提出自己的观点与看法。在一番争论之后，大家由热情奋发趋于冷静思考，思维向更深处开掘，"坐而论道"之后便是有计划、有目的地"立而行道"。在此基础上，分析、综合、梳理、归纳、整合、改造，取长补短、融会贯通、汲取精华。巴西著名教育家保罗·弗莱雷指出，没有对话，就没有交流；没有交流，就没有真正的教育；没有真正的教育，也就没有真正的提高。因为这样推心置腹、开诚布公地研讨，单数的"我"与复数的"我们"相遇相融。你的问题变为我的问题，我的观点化为你的行动，他的方法成了我的借鉴……每一次的课堂评议，于参与者而言，是全身心地投入学习。沉浸在流溢着开放、理解、期待、和谐的空气中，所有的生命都显得充盈、灵秀。思绪、思维、思想自然而然得以舒展、迸发。当我们的冥思苦想化为大家会心一笑时，当一句久经自己咀嚼琢磨的话被回应于意味深长的一瞥，当我们将课堂的困惑与神奇描述出来，有许多心都跟着我们一起缩紧、一起舒张……

苏联著名教育家赞科夫深有感触地说："我一生中见过许多教师，跟他们肩并肩地工作过。应当说，在每一个教师身上（也许，除了少数例外情况），都有一种创造性地对待自己工作的思想的火花。但是在一些人身上，它熊熊燃烧起来，于是就造就出一位对教学作出自己独特的贡献、工作上充满灵感并且取得优异成绩的教师。而在另一些人身上，这种火花却是奄奄一息，就要熄灭了。”为什么有些人在教育教学工作中拥有勃勃的生机，而有些人则是得过且过、敷衍了事地应付着每天的任务？重要的原因是，学校有没有通过教学诊断等教学研讨活动激活老师的心灵活力、精神活力与生命活力。如果有，那么，我们期待理想的课堂教学、理想的学校生活就可能被创造出来——人人平等，人们各尽所能、互助互学。在这样的共同体之中，人们对他人的行为都能善意地理解，人与人之间没有隔阂。

叔本华说，单独的个人能够做的事情寥寥可数，他只是一个被抛弃在荒岛上的鲁滨孙，只有当他生活在与其他人所组成的群体里，他才能有所作为。因为不断地强调开放课堂、开放教室、开放内心，学校里就经常出现跨学科的观课、跨学科的研讨。如果没有开放式的课堂观察，许多教师坚守在自己的一亩三分地上，长久下来，就形成了“老死不相往来”的自闭状态。教师之间常常以学科及班级为界线，没有专业对话，没有专业生活。其他教师在观察一位教师上课过程中的思考及其后的点评与建议、争论，就是一种非常有价值的教育教学研讨。传统的教研活动中时常会产生权威人物说了算的痼疾，它在极大程度上禁锢了教师的思维与心灵，同时会令某些人滋生“自大狂”的心态。爱因斯坦所说：“这种人，在我看来，正像一个极端近视而又不屑戴眼镜的人。他完全依从他那个时代的偏见和风尚，因为他从来看不见、也听不到别的任何东西。一个人要是单凭自己来进行思考，而得不到别人的思想和经验的激发，那么即使在最好的情况下，他所想的也不会有什么价值，定是单调无味的。”课堂观察及集体评议这种研讨方式，不易产生“一锤定音”的现象，因为所有的观点都是基于自己对课堂的真实观察与理性的假想。那么，谁的观察与设想最切合实际呢？这不是由某位教师或专业研究人员说了算，而是由后续的课堂教学说了算，由课堂教学中学生的学习状态及成果说了算……于是，教师的思想与心灵就得到了解放，教育教学研讨就形成“自由民主，平等对话”的氛围与格局。

五、促进学生成长

课堂观察者进入课堂以后，对于学生来说是构成了学习环境的一部分。观察者常常是把视点投诸于学生的学习状态、过程、成果以及师生的互动情况。这些无疑都会促进学生的成长。苏霍姆林斯基与其所在学校的教导主任在小学里听课时曾提出一个专门的目标——听学生朗读，同时提出一项任务——每年要对每一个学生的阅读能力作出评价，即看他掌握迅速阅读的能力如何以及除了教科书以外还读什么书。因为一个阅读能力不好的学生，就是一个潜在的差生。如果在小学里没有教会他迅速地阅读，他日后在学习中就会遇到无法克服的困难，而迅速有效地阅读是预防智力惰性和学习落后的可靠手段之一。这也是一个人沿着智力文明的顶点攀登的一条崎岖小路。谁没有掌握阅读的技巧，谁就是一个没有受到教育的人，就是一个道德上的无知者。要学会迅速地、清晰地和正确地书写，学生应当在小学进行专门的练习。在听课和分析课的时候，教师不仅应当研究每一个学生的学习内容，还要研究他的学习能力。这种课堂观察就是直接指向于学生能力的发展，不断地促使学生沿着正确的方向发展。

由于教室的开放，课堂形成了对话的氛围，不少学校还尝试着让学生参与课堂教学研讨。每次研讨活动，每个班级按组轮流参加研讨发言。在研讨中，学生们往往学会了倾听、思考、尊重，进行了一次比较深刻的反思性学习，同时也拉近了与教师的距离。以下是我在参与课堂研讨时师生讨论的一个小片段。

黄春晖：先介绍一下今天授课的黄星红老师，她本来是教语文的，后来又去教音乐了。所以接下来请黄老师来谈谈她上完这节课的感受。

黄星红：我先讲讲我的教学思路。本节课，我先由歌曲《爱的人间》导入，然后针对这首歌提出几个问题，看谁答得又快又好。学生的反应很棒，令我十分感动。倒是我自己在讲述这首歌的背景故事时有点被卡住了，但我还是挺快转过弯了。最后我把重点放在让学生唱、说、写上面。这个班级的学生太厉害了，小歌手很多，唱得好的学生真不少。课前我将全班学生分为四大组，分别准备关于友情、亲情、师生情、人间真情的内容。虽然在交流时有点儿乱，但我感觉乱得很好，因为课堂上有更多的生成和惊喜。最后我还是以歌曲结束。补充一下，这节课因为上课前音响发生故障，耽误了一些时间，所以后来让学生写片段时又拖了一段时间。总的来说，这节课使我很感动，学生们都十分厉害，表现很优秀。请各位同学大胆地说，指出我的不足之处，让我下节课上得更好。

黄春晖：好，下面请同学们来谈谈对这节课的看法。

生：以往的作文课是单一的作文课，今天却是作文和音乐相结合，很有趣。

生：以前都是语文老师给我们上课，今天由音乐老师给我们上作文课，真的很好。

生：以前的歌曲都是电脑播放的，今天老师亲自演唱，跟电脑唱的一样好听。

生：这节课老师把我们分为四个小组，内容有友情、亲情、师生情、人间真情的，如果这些内容相结合的话，会更有趣味性。

生：今天的体裁很新颖。

生：以音乐开头，再以音乐结尾，我们很喜欢这样的作文课。

生：这节课我们不但学习了音乐、学习了作文，还感受到了很多真情。

黄春晖：有没有想到老师为什么要把音乐和习作相结合？

生：我觉得音乐是用来享受的，好作文也是用来享受的。把两者结合，就像喝咖啡一样美妙。

生：如果把这节课放在六年级下学期来上，我们对师生情、同学之间的感情可能感触更深。

生：结尾唱歌时，老师应该把歌词给我们，这样唱得会更好……

黄星红：对不起，老师以为你们会唱……

黄春晖：好，孩子们，谢谢你们，因为时间关系，还有的感想可以发在博客上。如上所述，学生们的发现常常是让我们心眼一亮，他们对课堂与学习的理解是最有切身体验的，所以他们常常能一语中的、一针见血，对于改进我们的课堂教学非常有助益。尤其重要的是，学生们在表达时，学会了观察、思考与分享的方法和习惯。

在传统的教研方式中，我们强调对一节课的雕琢，包括评课也是呈现出“结论”的形态。这是一种“重结果轻过程”的教研方式。因为，怎么得出这些评议的结论，许多教师是不得而知；这些评议的可信度如何，又是怎样来衡量与证实的，许多教师也无从知道。在评议之前很少有人去观察、去关注：上课教师在课堂中体验到的感动、快乐或遭遇到的困难、困境，学生在学习活动中的情感状态、思维状态、生命状态，师生的互动状态及心灵的碰撞……因为缺乏细致入微的观察与关注，在评议时只能很“抽象”地一笔带过。没有观察课堂的意识，不讲究课堂观察的方法，一切评议仅凭一时的主观感受，必然会泛泛而谈、虚而不实。同时，教师没有学会观察课堂、研究课堂，就会依赖于外界的评价来评估自己的课堂，而不是通过自己内心的发现来看待课堂的得失与成败。长此以往，教师在教研活动中就无法形成自我意识、自我认同、自我肯定，也很难体会到思想的美丽、创造的快乐。从这个意义上讲，课堂观察是教师探寻个性、寻求自我的重要路径。

课堂是师生生命相遇与心灵产生顿悟的场所。观察课堂就要守望课堂、守望自我、守望健康的教学生活、守望灵魂的方向。

课堂观察的误区

在课堂观察中，很容易陷入一些误区。或者放任自流，无所依托；或者统得过多，管得过死；或者外在强加，一厢情愿；或者重教轻学，重知轻思；或者蜻蜓点水，一掠而过。只有规避了这些误区，才能使课堂观察真实有效。

在课程改革的过程中，众多的专家及研究者达成了共识：课程改革要取得实质性的进展，就要把课程与教学理念转化为课堂教学实践。即“课改”进入了“改课”的关键阶段。一方面，基础教育课程改革立足于对课堂教学的重构，鼓励教师充分发挥自己的聪明才智，致力于研究课堂教学的技术与艺术。课堂教学呈现出前所未有的多样性与丰富性。另一方面，也因一些教师误读了新课程的思想实质，误读了课堂教学的精神理念，导致一些课堂教学“乱象丛生”。

如何更好地研究课堂教学？如何更好地鉴别和判断课堂教学的优劣与得失？如何更好地诊断课堂教学的问题？如何更好地探寻课堂教学的规律？怎样才是有效的课堂教学？……这些问题亟须回答。这就需要“课堂观察研究”来引路导航。此外，在基础教育课程改革的推进过程中，我们极力倡导校本教研，意在让教育教学研究重心回到学校自身，回到教师生命本身，回到课堂教学生活之中。

那么，如何构建行之有效的校本教研之路呢？如何使教育教学研究更具实效性、更有亲和力、更有指导性呢？如何促进教师专业成长呢？如何改进传统的听课与评课？……这成了众多学校发展的重点、难点、焦点、热点问题。在几经探索与实证研究中发现，课堂观察是进行校本教研的有效途径，它很好地拉近了理论与实践之间的距离。在课堂观察过程中，存在着一些误区，影响了其功能与作用的发挥。我将课堂观察中的一些偏差归结为五个方面，其目的是“指出病症，引起疗救的注意”。

一、缺乏定位，无所依托

传统意义上的听课，大都是听课者凭着感觉走，事先没有选择任何的观察视点，走进课堂时“心中无数”。这样一来，一节课听下来常常是毫无感觉或眼花缭乱。没有明确的观察视点，观课看起来是开放自由，可以信马由缰、天马行空，然而，往往是一无所获。

只有你眼前有着清晰可见的地平线，你迈出的每一步才有意义与价值。任何缺乏目的的行为都是盲目的，它往往只能是对生命的浪费。在大大小小的研讨会现场，我们时常会看到一些教研员们一遇到所谓的评课，必定带着一些事先准备的稿子“理直气壮”地读着一些“无比正确的废话”，而听的教师总是皱着眉，一副忍无可忍的神态。为什么这些人不管何时何地基本上都是说这些“老三篇”呢？为什么在课堂中听课听了那么多年居然一无所得？其根本原因就是，在几十年的课堂观察中，他们从来没有过关注点、聚焦点、兴趣点，因此在纷繁复杂的课堂信息中就无所适从、一无所获。没有发现，就没有主见。没有主见，就只能是几十年如一日地照本宣科。不少教师更是存在着这种情况，他们认认真真地坐在教室后排，在记录簿上记下了上课教师的一言一行，在整个听课过程中也是写得手发软。可是，记录完对照一看，每节课基本上都是这些。于是，所谓的教育教学的问题、感悟与发现自然就是一句空谈。诸多原因归结为一个核心要素，就是观察课堂时，缺乏规划意识，缺乏目标定位。

二、统得过多，管得过死

与之相反的是，有些人过分追求用理想的标准来衡量课堂教学。凭着所谓的课堂教学评价表，什么权重、什么分值，做得密密麻麻的，看得人头皮发麻。如果一直纠缠于这个评价表，就会造成“削足适履”的现象。因为课堂中发生的事件是复杂多变的，不可能被限制于这样一个繁琐杂碎的框架和条目之中。真正的富于创造性的课堂教学绝不是一个固定不变的评价表所能评价与判断出来的。可以这样说，统得过多、管得过死的标准可能会成为扼杀创造性与个性的枷锁。

华东师范大学课程与教学研究所教授崔允漷对评课的看法有一个深刻的转变过程。1999 年，崔允漷教授和施良方教授合出了一本书《教学理论：课堂教学的原理、策略与研究》，专门构建了一张课堂行为评价表。对此，他老是忏悔这个事情把老师们害苦了。为什么说把老师们害苦了呢？因为这个标准是杜撰出来的。那么能不能上出这样的课呢？崔教授坦言自己上不出来，但许多学校就拿着这个好课的标准去套所有老师的课。这样一套，就连特级教师的课都有问题。

课堂教学是一个富有创造性、开放性的过程，以硬性的指标与标准去统，结果往往是禁锢思想和心灵。“教有大法，但无定法，贵在得法，重在启发。”既然教无定法，我们在课堂观察时就不能以僵化固定、一成不变的格式与套路来对待丰富多彩的课堂生活。否则，就是将彩色世界变成灰白色调的世界，将立体空间压缩为单调的平面，将多元的声音削减成单一的音调。在这样的约束之下，很难有别开生面、与众不同的课堂生活。

三、外在强加，一厢情愿

综观一些课堂观察的视点与标准，很多都是由一些专家及行政管理人员来确定的，而他们基本上是依赖于对当下课堂教学趋势的判断以及以往的经验来加以提炼、概括的。应该来说，这些视点与标准也蕴含着属于他们的课堂理解与创意，但是，上课教师自有其内在的标准与尺度，这就造成了外在标准与课堂教学实践相脱离的现象。

课堂观察的目的是促使教师不断地生成自己的教育教学智慧，形成自己的教育教学风格。比如，某学校领导在考察参观某一所名校后，就风风火火地在本校强行推行那所学校的课堂教学评价标准，硬性规定每节课教师只能讲几分钟，学生要活动几分钟，教师只能提几个问题……同时，以此为观察课堂的硬性指标。这样一来，不同的学科、不同的课时、不同的课型都无一例外地要“合乎规则”，否则就是“不合格”“不达标”。教师们只好阳奉阴违，校长突击听课时这么上，校长没在课堂时依然按照自己的那一套。这样的观察视点，其弊害可想而知。

庄子说过：“忘足，履之适也；忘要，带之适也。”意思是：忘记了脚的存在，那是因为鞋子很合脚；忘记了腰的存在，那是因为腰带很合身。外在的强加给教师的标准常常会变成“夹脚的鞋”。教师只有从日常课堂教学生活中不断观察、不断提取、去粗取精、去伪存真、去芜留质，确定富有个性化、多样化的观察标准与观察视点，才能提升课堂教学效率。

四、重教轻学，重知轻思

传统的教学是以教师为中心，形成了一种“教师教，学生学；教师教什么，学生学什么；教师怎么教，学生怎么学；甚至是教师不教，学生就不学”的消极被动的教学形态。这种教学形态是一种单线传输式的授受行为。就如同保罗·弗莱雷在《被压迫者的教育学》中所形容的：“把学生变成了容器，变成了可任由教师灌输的存储器。教师越是往容器里装得完全彻底，就越是好教师；学生越是温顺地让自己被灌输，就越是好学生。于是，教育就变成了一种存储行为。学生是保管人，教师是储户。”基于这样的认识，传统的听课者听课的重心点就在于“上课教师是否有效地灌输，学生是否有效地接收”，侧重于观察教师如何教、如何指导、如何评价等教学行为，轻视观察学生如何思考、如何学习、如何建构等学习行为；侧重于观察课堂教学中知识的授受情况，而对学习思维、思想、情感、体验等因素则关注不够。

新课程背景下的课堂教学倡导“平等对话”的教学理念及“自主、合作、探究”的学习方式。课堂教学理念的转变，教学行为与学习方式的转变，需要我们确立不同的观课视点。赞科夫在《和教师的谈话》中谈道：“难道敏锐的观察力不是一个教师最可宝贵的品质之一吗？对一个有观察力的教师来说，学生的欢乐、兴奋、惊奇、疑惑、恐惧、受窘和其他内心活动的最细微的表现，都逃不过他的眼睛。一个教师如果对这些表现熟视无睹，他就很难成为学生的良师益友。”这里，他谈的虽然是上课老师对学生的细致洞察，但是，又何尝不是对观察者观察力的要求？也就是说，观察者课堂观察的重心应该落在学生的内心感受。

周一贯先生在《观课评教，“路在何方”》中提出：“观课评教的一个原点标准应该是相同的，这就是课堂是否是‘有效教学’，而这个‘效’就是学生在课堂上是否获得了学习需求的满足，获得了应有的生命发展。换句话说，观课评教必须旗帜鲜明地走向‘生本’，实行以‘学’评教。”从“听课评课”到“观课议教”，体现的正是评课文化的改变和发展，即由偏重对教师教的形式、方法和技巧的考量转移到更关注学生的学习情绪、学习过程和发展。

五、蜻蜓点水，一掠而过

任何一种发现或有价值的创生都需要持之以恒的观察，东鳞西爪、零乱杂沓则很难有所突破。在我看来，“观之切，知之真，思之深”。尤其是关于教育教学的道理，它不是一时半刻、一朝一夕就能领悟到的，而是需要人慢慢地去观察、去思考，直到某一天，才可能恍然大悟。但在日常课堂教学观察时，很多人就是仅仅观察一时一地的一节课，然后就轻率地进行判断。没有进行持续不断的跟踪与研究，我们很难真正探获上课教师课堂教学的优势与缺憾，而现行的课堂观察与评价就是一课定高下、一课定乾坤。

比如，著名特级教师吴非在《致青年教师》中谈道，许多来听课的人往往把一位普通教师的一节平常的课当作“唯一一课”或是“最后一课”，这样必然会导致一些“误读”。他举例说，曾有著名教授荣退，系里安排他上一节有纪念意味的课。老教授精心准备了两个月，隆重地上了最后一课，这节课的确绝伦逸群，无奈教授耗尽心力，上完课已无法走下讲台，其后大病一场。面对这样的“美丽的悲剧”，教授大为感慨地说：“我们广大的教师不是濒死之天鹅，我们没有那样的高贵与凄美。我既不想让这节课成为一种纪念，更不敢表演绝唱。我们是在上一节课，这节课是对学生讲授的，而不是为了坐在后排听课的教师讲的（我们甚至不应当在意他们的感受），这是我们的日常工作，而且，我们在这以后还有很多节课要上，不是非得在这节课上把一切美好的东西展示出来，最后还颤抖着在黑板上写下‘法兰西万岁’……”这就意味着，如果我们没有全面彻底地观察与理解一位教师的整体课堂教学质量与风格，必然是只知其一而不知其二，只知其象而不知其理，只知其外而不知其内，而在这种情况下大放厥词、评头论足、说三道四，实在是有点胆大妄为了。

在课堂中只观察一个小小的片段，固然可以说“以小见大”“以近知远”，甚至可以说“以一斑窥全豹”，但是有时未免会有“管窥蠡测”之嫌。而这种做法往往会导致以偏概全，不但无法起到对课堂教学的诊断与调整作用，反而会让上课者迷失方向、陷入更深的困境，甚至误入歧途。

课堂观察的原则

课堂观察不能随心所欲，而必须遵循一定的原则。如尊重性原则、鼓励性原则、发展性原则、实事求是原则、互动性原则、自主反思性原则。只有认真遵循这些原则，课堂观察的意义才有可能实现。

进行教学观察与诊断不能凭感觉，也不能随心所欲地妄加断言，而必须根据一定的理论及原则。只有这样，才能将课堂教学的真义看得清清楚楚，才能有利于教学的改进与教师的成长。教学观察与诊断应秉持六大原则。

一、尊重性原则

尊重就是把自己融入他人的生活情境之中，换位去思考他人的心理感受与生命体验。唯有尊重他人，我们在教学观察与诊断时才不会仅仅追求外在的“标准”，才不会不顾及师生的生命感受，才不会进行一种冷冰冰的评判。只有观察者尊重上课教师，他们才不会感到窘迫。

有位教师要上口语交际课，不料头天晚上患了重感冒，声音沙哑，以至于近乎失音，但她非常努力地坚持上课。没想到，在评课时有位教师很唐突地说了这么一句话：“这节课既没有口语，也没有交际！”上课老师的脸一下子涨红了，她浑身不自在地坐着。我当时一看气氛不对，赶忙说：“口语交际中除了有声语言的交际，我们还要关注无声语言的交际。这位老师在近乎失音的情况下，为我们展示了口语交际中大家都忽略了的要素，真是非常难能可贵，也非常感谢她的努力，我们绝不能无视教师本身的生命状态。”于是，不少参与评议的教师也纷纷表示关切之情。

只有对教师作为“人”的特性与尊严予以尊重与呵护，才可能对教师的教学生活进行探讨。而传统的教学诊断无一例外地忽略了对人的真实生命状态的关切，所以在教学诊断与评议时，评议的人慷慨激昂、侃侃而谈，而上课的教师不是惶愧得无地自容，就是唯唯诺诺、强颜欢笑。在教学诊断中，我们要尊重教师具体的生命性状，要关注他们生活的处境与背景，而不能以一成不变的"客观标准"去要求每一位教师及每一节课。

二、鼓励性原则

武凤霞老师在回忆她的成长故事时谈到，第二学期，校长请来一位特级教师指导青年教师上课，提前选择了几个老师准备，直到通知开始听课，她才知道名单上没有她。怎么能白白放走这样一个很好的学习机会呢？于是，她又忘记了以往的失败，强烈要求让专家听她的一节课。也许是被她的真诚所打动，校长同意了。于是她根据自己朗读的特长和激情昂扬的特点，用一个晚上倾尽全力准备了一节《刘胡兰》。但没有想到，这位特级教师听完课后给校长的建议是："这样糊涂的老师怎么还能在一线教学？建议让她休息。"那真是一段让人惴惴不安的日子。还好，校长没有听从那位特级教师的建议把她赶下讲台。但这两句话却深深地烙在了她的心底。

这种打杀式的诊断往往给健康的教学研究及教师的成长带来莫大的危害。教学诊断要摒弃传统"评课"中听课教师以权威的姿态君临课堂并对上课教师进行一锤定音式的评判方式，尤其要警惕的是不挑刺不足以证明评课者水平的心态。教学诊断的目的是为了改善课堂教学，促进教师专业成长，因此不能用简单粗暴的方式来打击教师探索课堂教学的积极性与创造性。我们要以灵心慧眼来理解课堂教学的每一个细节，细致入微地关注他们，让参与者充分感受到自己的价值。如果上课教师及参与者缺乏这种心灵感受，任何外在的"评价""意见""建议"，不管它们怎么高超，也不过是一串如风过耳的语言符号，无法在教师的心中荡起一丝一毫的涟漪。人的内心深处都有被赞赏、被认同、被激励的渴望，而人无一例外地认同与热爱真心赞赏他的人。教学诊断要唤起教师重新上课、改进课堂的欲望，让他们面对课堂兴致勃勃，而不是让他们从此一蹶不振。可以这样说，凡是没有让上课教师一次又一次跃跃欲试和具备革新课堂教学的勇气的教学诊断，是无用的甚至是有害的。

三、发展性原则

课堂教学诊断不能仅仅对某一节课大加指点，因为教育教学是一个漫长的过程，任何急于求成的做法都是有害的。所以，如果不尊重教育教学的生长性与发展性特点，教学诊断可能就是自以为是的“武断”。

余文森教授曾和王永老师在南京一所中学听一位数学特级教师的课，这位教师一周上了 5 节课，连课本中的一道例题都没讲完。余教授说，如果按习惯的标准来诊断这 5 节课，许多人都会得出结论：没有完成教学任务，课堂教学效率差。但是，当他们听到了第二周的第一节课时，他们感到非常惊讶，因为这位特级教师在一节课内把一单元的课（大概要 10 个课时）都上完，而且这位老师对本单元的学习情况进行了检测，结果所有的学生都很好地掌握了。如果没有用 6 节课、60 节课，甚至几年的时间来做细致深入的观察与研究，没有进行过程性与连续性的课堂教学观测，我们就轻易作出判断，这是十分冒失与危险的。如果我们倡导自主学习，我们不能一开始就以自主学习的标准来衡定低年级的课堂教学。因为自主学习必须经由“他主—指导—自主”的过程，这个过程可能需要 6 年、9 年、12 年……值得一提的是，发展不但是指学生学习能力的发展，而且还包括教师教学能力的发展。

有一句精辟的话：“大丈夫行事，论是非，不论利害；论顺逆，不论成败；论万世，不论一世。”对事情的判断确实需要高远的眼界。同理，我们在进行教学诊断时，也要有仰望星空的远见卓识，也要有放眼生活、眺望人生的洞达，不能就一事论一事、就一课说一课、就一时谈一时。

四、实事求是原则

曾听一位老师提及某地一位教研员吴老师。一次，县里筹划一节思品课准备到全国进行比赛。县里的老师们经过精心的设计与策划，最后请吴老师来具体指导。吴老师听完课后直摇头，说这也不行、那也需要修改，他一口气提出十条修改意见。大家听了面面相觑，不知如何是好。再过了一周，大家斟酌来斟酌去，推敲来推敲去，最终决定原封不动、一字不改地再上一遍。吴老师再次过来听课。大家心里暗想，惨了，这次不知要被他怎么批评呢！没想到，吴老师听完连连点头，说："对，就是这样上，这样一改，条理就清晰多了，顺畅多了！"大家都忍俊不禁。

课堂教学诊断要郑重其事、谨小慎微，不能无根无据、信口开河。荀子说过的一句话非常好："非我而当者，吾师也；是我而当者，吾友也；阿谀我者，吾贼也。"其意思是说，非常恰当地提出我的不足的人是我的老师；非常恰当地提出我的优点的人，是我的朋友；没有是非与原则且一味谄谀我的人是我的敌人。这里其实就是提出了我们说话做事要奉行实事求是的原则。在教学诊断过程中，不少人误解了"鼓励"与"尊重"的原则，以为一团和气、做好好先生才是教学诊断之秘诀，由此而丧失了教学研究求真、求实、求诚的精神。在我看来，以任何理由混淆是非、颠倒黑白的言行，都是对教学诊断的祸害，是对教师与学生的误导，是极端不负责任的。

曾听一位教研员洋洋自得地对一位老师说："没事你去上课，爱怎么上就怎么上，因为评价好坏就在于我一句话。我说好就好，我说坏就坏嘛!”如果这样说仅是为了对害怕上公开课的教师进行一种心理疏导与安慰，那就无可厚非。但事实上，在现实教研活动中，时常出现这种情况。教学诊断不以事实为根据，不以教育教学的客观规律为标准，不以课堂教学的智慧与艺术为导向，只是以个人喜好、个人感情色彩来裁定。如此一来，教学诊断就可能成了“糊涂官判葫芦案”，不足为凭，不足为信。

五、互动性原则

教学诊断是诊断者（观察者）在尽可能全面了解与掌握课堂教学信息的基础上，对课堂教学进行理性的探索与判断。就是在课堂观察中，寻根溯源，探因觅果，尽量做到发现课堂现象，分析其行为后果，共同探讨提升方式及调整策略。教学活动是师生双方互动的活动。教学诊断主要是针对课堂教学中师生的互动方式与教学质量进行考量。这就意味着教学诊断不能仅仅靠观察者单维度的观察，还应该建立多维互动的视角来涵摄来自课堂教学生活中方方面面的声音。比如，学生的感受与反应；上课教师的现场行为及思考……正所谓“兼听则明，偏听则暗”。医生在诊治病人时，还要讲求“望闻问切”，还要充分地了解病人的病情，才可以判断病人是何病症，才可能对症下药。同样，教学诊断也需充分地“望闻问切”，教师要经由深思熟虑才可能作一些正确的分析与解释。

如果没有互动与讨论，教学诊断就成了“专断”与“独断”。这里的互动性不仅是指观察者（听课教师）之间的互相辩论、互相交流；也包括听课教师与上课教师之间的互相纠正、互相补充；还包括听课教师与学生、上课教师与学生之间的相互确证、相互询问……教学诊断不是观察者单兵突进，而是强调集团作战；不是观察者的一言之谈，而是大家合奏交响乐……

湖北的沈旎老师在一篇文章中写了一位老师向她倾诉上课被评议的经历与感受，让人觉得特别沉重而无奈。她写道：想起了一件事，上周，一所小学的王老师哭着给我打电话，想找我谈谈，一向乐观的她竟然在我面前痛哭流涕，为了一节课，为了这课后不公正的评语。其实，也不怪评课的老师。上课是王老师与她的学生的一次“约会”，听课的人只是中途杀进来的旁观者，他怎么能了解这课前前后后的故事？比如，上公开课时，学校会让你挑最好的班上，而王老师认为，应该按课表上课，因为上课是她和学生的事，不能因为有人来听而改变。事后她告诉我，当时大家都劝她换一个班，因为这是全校公认的“烂”班。王老师没有同意，她认为，不管是哪个班，上公开课的机遇应该是平等的。这些细节是评课老师不知道的，否则，我想仅凭这一点，王老师就已经让我感动了。课的效果可想而知，于是，王老师为她的决定付出了惨重的代价。学校对课的评价是以专家的评价为准的，没有给她任何申辩的机会，她说她现在压力太大、太委屈，在学校里待不下去，唯一令人欣慰的是再上这个“烂”班的课，学生的心和她的心走得更近，学生会很配合，效果比其他任何班都好。

听课者仅凭一节课就对课堂教学质量进行裁定，往往是有失偏颇的。浮光掠影必然导致知之不真、知之不深，一鳞半爪、残缺不全的信息，必然产生一孔之见。上课教师的设想与反应和学生的感受不相称、不合拍时，我们一定要了解教师与学生的具体想法与思路。只有尽可能地掌握课堂教学生活的综合信息和背景，我们才可能作出比较切合实际的评析。

六、自主反思性原则

教学诊断的目标之一就是促使上课教师形成自主诊断的能力与习惯。林崇德教授甚至把这种自我诊断、自我调整的教育教学能力视为优秀教师的最大才能。任何依赖于外部的提示或指示进行教学的活动，往往缺乏智慧的含量，不会产生思想的勃发与萌生。

一般老师都不愿意上公开课，因为不自信、怕麻烦，而窦桂梅则主动争取上公开课。她说："让大家一起对你评头论足，批评你是你的福气啊！在各种批评中，人才可能有长进。"一直到今天，窦桂梅还是心意诚恳地接受来自不同人、不同角度的批评，并且心存感激。这就是因为窦桂梅老师有自主反思与诊断课堂教学生活的意识。主动接纳他人的提醒与提示，并将他人有益的意见变成自我改进的营养，思想就会日益丰富、日益深刻了。这样就可以培植出日益丰盈的课堂精神生活。

自主诊断并不是说你可以非常放任地称"我的课堂，我做主"，这样往往会形成唯我独尊、我行我素、不善吸收、不思进取的教育教学局面。"我"的真正意义在于我与你、他交流，融合成"我们"，在对"我们"的扬弃与超越中，才可能诞生独立自主的"我"。否则，"我"容易坐井观天，容易为狭隘的生活经验与一己之视野所局囿、所蒙蔽，无法用大思想、大视野、大气象与大格局来观摄自己的课堂生活。只沉溺于自己一孔之见的"自主"是心灵的"自闭"、思想的"自闭"、生命的"自闭"。缺乏开放善纳的心胸与眼光，在教学诊断中就会产生偏见、偏听、偏信、偏执，误入歧途，导致专业判断力与创造力的丧失。"自主"是在广收博采、兼容并蓄的基础上的"自主"，不是一种空无依傍、无中生有的"自主"。

课堂观察的理论之光

课堂观察不是盲人摸象，它需要不同的理论之光照射进来。观察者在进入课堂之前，必然要有丰厚的理论基础，只有对与课堂有关的理论了然于胸，才能以不一般的眼光透视课堂以及师生的生命性状。

我一直在苦苦思索：为什么许多教师上了几十年的课、听了几十年的课，可仍然是身在其间、心在其外、神在其表？为什么几十年一直如悬浮的空气一样浮在课堂教学之外呢？无疑，原因有许多种，其中比较重要的一点是，进行课堂教学时，一切都跟着感觉走，跟着习惯走，跟着陈陈相因、代代相袭的套路走，没有理性的思考，没有深入的理论探索，对教育教学的环节与细节就习惯于视而不见、习以为常，因此就无力发现新问题、新信息，也无力解释新现象，无力解决新问题。其实，当我们以研究者的心态浸入课堂教学时，就有可能对熟视无睹、司空见惯的课堂教学生活产生从未有过的新鲜感、好奇心、陌生化。

教育教学理论的重要意义之一，就是唤醒教育者省察的智慧与探究的勇气。经验是和特定的情境相配称的，如果时过境迁，我们再以一成不变的经验、做法来审视和处理教育教学问题，就会陷入刻舟求剑的困境中。同时，经验需要用理论思维来提升。作为教育者及研究人员，我们应该掌握教育学、心理学、学科教学的基础理论，并且要注重学用结合。在此基础上，择取与当下课堂教学的困境或与自己研究的兴致相一致的理论加以精研与究索。而这些，都不是“为理论而理论”，更多的是“为实践而理论”，或者是以理论来解释实践、以理论来指导实践。在进行课堂教学观察时，我们将平时所学的理论用于解释与指导教育教学，就是在促进理论与实践的接轨、融通、互进、和谐，就是古人所说的“知行相资”或“知行相须”。

一、用教育学理论“烛照”课堂

1932年，美国著名作家海明威先生在他的作品《午后之死》中第一次提出了文学创作的“冰山原则”。他说，冰山运动之所以雄伟壮观，是因为它只有八分之一在水面上，而绝大部分在水下看不见。“思想决定思路，方向决定方法，视界决定世界。”我的理解是：不论是教师上课还是课堂观察，课堂中所展现的或我们所发现的都不过是“冰山一角”，而这一角最主要是受制于我们的理论视野或知识结构等所构成的“八分之七”。有的教师认为教学是知识传递的过程，他在无形中就会执守“教师本位”“知识本位”，而过程与方法，情感、态度、价值观都会被过滤掉，或处于可有可无的地位，所有的方法与策略都是围绕知识的灌输服务。有些教师认为教学是师生的互动与共同成长的过程，就会从生命成长的需要出发来考虑课堂教学生活，把教学当作对生命意义的探索，就会把学生的精神生活、心灵体验、生命感悟视为最为珍贵的、最有价值的东西来养护。教师对教育意义的认识、对课堂教学的理解、对师生关系的把握等，无不关联着课堂教学的质量，无不关涉到学生智力生活的品质与趣味。

一位特级教师在上古诗《草》一课时有一个环节很有创意。他要求学生画出“春风吹又生”的诗意。一个学生把春风画成黄色，教师笑着解释说：“春风裹着沙尘刮来时是黄色的。”当一个学生说春风是绿色时，教师说春风在诗人眼中是绿色的，有“春风又绿江南岸”为证，并鼓励学生说“说不定你长大了会成为一名诗人”。另一个学生说春风是看不见、画不出的，只有通过其他事物来表现，并在黑板上画春风，把草画成一边倒，教师又是笑着说：“太好了，草被吹弯了腰，一看就知道在刮风。”很显然，这位教师在小心翼翼、煞费苦心地保护孩子的自尊心。这种激励的形式既增加了课堂教学趣味性，又激发了学生丰富的想象，很值得我们借鉴。许多人对这位教师的教学机智赞叹不已，因为不管孩子怎么说、怎么做，他都能回答得非常巧妙。

可是，我总觉得似乎有点不对劲、不太和谐。孩子的想象力真的很丰富，在他们眼里，春风居然有各种颜色，他们居然用映衬的方式来画出风的形状，真的不简单。只是，那位老师是不是过于急于表现自己的语言智慧，表现自己的妙语连珠，表现自己收放自如的教育教学艺术呢？在孩子们出人意料的创意的背后，到底蕴含着什么意义、什么生活经历、什么生命体验、什么思维方式，我们不得而知，但其丰富性与多样性不仅仅是教师代为解说的那些。比如，孩子画黄色的春风，可能是春风吹过无数的油菜花，吹过无数黄色的蝴蝶，吹过无数黄色的……这些景象都别有一番情趣，为什么只限于“裹着沙尘”？这里所呈现出来的是“教师的优秀”，而不是“优秀的教师”。从小小的细节中可以看出，这位教师并非真的是“蹲下身子和孩子说话”，而是“直起身子”替代孩子说话，不容孩子自己来表达、自由来述说。卢梭说，用成人的思想、感情、想法、看法来代替孩子的思想、感情、想法、看法是愚蠢的。每个人都是一个宇宙，每个孩子都有一个独一无二、与众不同的世界，就如意大利诗人洛利斯·马拉古齐《其实有一百》中描述的孩子的语言确实是丰富多彩的，有时简直是不可思议。如果那位教师能将课堂还给孩子，让孩子来自由表达自己的想法，孩子就有可能呈现出一百种语言，甚至更多。

同是课堂中的一个小细节，不同的教师有不同的解读。观察必然受到一定或潜或显的理论的指引。在上述案例中，称赞者是基于“教师主体”的“以教为中心”的课堂教学观，他们所认同的是教师教得如何炉火纯青，而不是学生学得如何自由主动。如果是基于“学生主体”的“以学为中心”的课堂教学观，我们就不会全神贯注于教师如何教，而是聚焦于学生如何学。以此来观察上述教学时，就可能发掘出其中的“内伤”。当然，不同的时代背景产生不同的教育理论与教育思想，我们要根据课堂教学的具体实际来加以领会，做到取其精华、剔其糟粕，使之为我所用。

二、用心理学理论“观照”课堂

教育教学归根到底是一种人学，是一种心灵之学。在课堂教学中，我们时刻需要思考学生一言一行背后有怎样的意义，他们的兴趣的激发、动机的驱动、思维的展开、情感的发展、性格的形成……这些无不需要心理学理论的探照。难怪赫尔巴特在建立教育学的时候把心理学作为教学理论的基础。尤其重要的是，我们怎么观察学生思维的变化。学生是如何学习的，知识如何在学生的心灵深处生根、开花、结果，知识怎么转化为能力，怎么转化为智慧，怎么转化为精神力量……这些都需要我们从心理学的角度来观照教育教学的全过程。

苏联著名的教育家赞科夫先生认为，若不从心理学角度去直接研究学生，不把实验心理学的方法和心理分析直接纳入教育学或教学论的研究中，就会“堵塞揭示教育影响与所得结果之间的内在联系的道路”，就“必然会使提出的论断具有盲目性，必然导致教条主义”。观照目前的课堂教学研究与实践的现状，很少人能够自觉地从心理学理论中汲取营养，对课堂教学进行分析、诊断、调整。在我看来，在课堂教学研究与实践中要形成深刻犀利的目光，必须经由教育心理学的淬炼。

比如，我时常观察课堂教学中教师对学生学习活动的评价。许多教师因忙于完成教学任务而忽视了对学生学习情况的评价。我们在课堂教学中经常可以看到教师提问的情形：教师提问，一个学生回答完了，教师不置可否，接着再请一位学生来说，其后又不作任何反馈，又请另一位学生来回答……对于这个问题，不少观察者会告诉上课的教师评价过少，要加强对学生的评价与反馈。上课教师或礼貌性地点头称是，或说：“其实，对每个学生的回答都作出评价太烦了，而且还浪费时间呢！”

面对这种情况，我想用罗斯做过的一个实验来说明。罗斯等人的实验是：把一个班的学生分为三组，每天学习后进行测验。第一组每天告知其学习结果，第二组每周告知其学习结果，第三组则不告知其学习结果。如此进行 8 周后，学习成绩明显不同：第一组最好，第二组中等，第三组最差。8 周后改变办法，第一组和第三组对换，第二组照旧，即第一组不再告知其学习结果，第三组每天告知其学习结果。这样再进行 8 周，结果学习成绩也随之改变，第一组由最好变成最差，第三组由最差变成最好。这一实验，不仅表明反馈在学习上的效果显著，而且表明每日及时反馈比每周反馈效率更高。实验证明，老师将学习结果及时反馈给学生是提高教学效果的重要条件。

我想，通过描述这个实验，让教师们自己从中明白评价与反馈的重要意义比告诉“评价与反馈有利于学生学习”的观念更深入人心。教师们总会有一些触动，毕竟是“实践出真知”，只有真正触动教师的精神与心灵领域的理论才能转化为教师的智慧。

面对悬而未决、疑而未解的教育教学困境时，我们也可以通过心理学理论来获得澄清，从而明确方向、改变行动。比如，许多老师针对课堂教学中学生表现的“热闹”进行争论。有的人认为“热闹”是课堂焕发生命活力的表现；有的人则认为“热闹”容易分散注意力，使学生的学习浮于表面、流于形式。那么，我们应该作何判断呢？对于学生的“活泼”程度，我们如何判定其是否促进学习发展呢？我们不能一味地说越活泼越好，也不能简单地说要“活而不乱”。问题是，什么时候活泼好，什么时候安静好？有些优秀教师凭主观经验与感觉固然可以做到一张一弛、动静得宜、收放自如，但是，到底如何作出令人信服又使人可以把握的判断呢？我想，心理学家叶克斯·道得生提出的“激奋水平与心理活动的关系”的理论可以帮助我们理解与判断。叶克斯·道得生认为，激奋水平是指人或动物的神经系统在高度兴奋与高度抑制之间有不同的水平，愈兴奋表明激奋水平愈高，愈抑制表明激奋水平愈低，激奋水平随需要和情绪的强弱而增减。叶克斯·道得生定律指出了作业效益与激奋水平之间的关系：前者先随后者的升高而提高，达到最佳水平后，又随后者的提高而降低。而激奋水平又以作业的复杂程度为转移，作业简单，激奋水平就偏高；作业复杂，激奋水平就偏低。

如果从这一理论出发来思考，我们就不会简单化地对课堂教学中学生的“活泼”与“热闹”进行二元对立的评价，而是更理性、更细致、更科学地考量当下的学习任务对于学生而言是否难，再来分析课堂教学中的“活泼”与“热闹”对学生的学习是促进还是干扰。而且，我们还可以据此更有效地调节课堂教学气氛，引导课堂更有效地发展。

在语文教学中，常有这样一个环节，即对背诵的指导。最简单的办法莫过于说“大家自己多读几遍，试着背诵”，而比较用心的教师会这样进行教学，就是让学生们说一说用什么方法记。孩子们基本上会这么说：“第一，全部读熟，熟读成诵；第二，一段一段背下来，然后连起来背诵；第三，根据课文的插图来辅助背诵；第四，可以把教师的板书作为背诵的线索。”教师照例热情地夸孩子们有办法，且说“等下看谁背得又快又好”，接着就让学生们自由读、自由背。过一会儿，教师便让学生同桌对背，在此基础上请几位学生来背。背诵指导几乎都是这样的模式。听课的教师则会以此为优点大加赞赏，并达成共识：教师能遵循语文学习规律，引导学生在背诵中积累语言材料，同时培养学生良好的语感。此外，还觉得意犹未尽，补充道：教师真正把学生当作语文学习的主人，引导学生自得自悟、总结学法，不但授之以鱼，更重要的是授之以渔。这种评价的确言之有理，持之有故，能自圆其说，甚至让人感觉有点天衣无缝。

然而，有谁曾探寻这个问题：背诵的目的何在？我的理解是，背诵的意义在于“腹有诗书气自华”“胸藏万汇凭吞吐”，即重积累、重感悟，培植良好的记忆品质。那么，我们要明白良好的记忆品质包括哪些因素。一是记忆的敏捷性，就像古人所说的“一目十行，过目不忘”。二是记忆的准确性，准确无误，一毫不爽。三是记忆的准备性，也就是有备无患，将一些语言材料分门别类，内化为自己的知识。四是记忆的持久性，达到背诵后终身难忘。如果从上述角度来审视背诵指导，我们可以这样加以改进：让学生自己试读几遍，看是否会背诵；同桌对背，检查是否会背；隔段时间再背，看能否有意识地将背诵的材料加以运用。

对背诵指导进行深究并不是小题大做，因为好的背诵指导能够培育学生的记忆品质、思维品质，还能促使他们自我理解、自我监控学习过程，激发他们自主学习，使学习更具人性意味。强调背诵指导的改进，就是使教育教学从浮光掠影、一掠而过的“简单处理”向精耕细作、深思熟虑的“复杂思考”跃迁。在我看来，教育教学是一种“微雕”艺术，即在看似微不足道的地方雕琢出精妙来。

苏霍姆林斯基认为，没有扎实的心理学基础，就谈不上教育素养。运用教育心理学理论不但能为课堂教学指点迷津，还能引发教师心灵的震动，使他们对教育思想、教育观念进行深刻反省，从而提升教育教学的能力与艺术。

三、用学科性教学理论“映照”课堂

近段时间，不少教育教学研究者及教师都在呼唤“让语文更语文”“上出语文味”“上出数学味”“本色语文”“本色数学”……这实际上是对许多课堂教学过虚、过飘的现状的反拨与更正。每个学科都有其特定的规定性，都有其学科特性，如果在课堂教学中无视这一点，那么，就无异于取消其独特性。在日常教学中，我们经常会看到一些教师把语文教成思品，把语文教成科学，把语文教成政治……这就是借跨学科之名，行乱学科之事。整合，不是混合；越界，不是漫无边际，不是无边无界，它需要守持学科本真。在观课及上课中，有一些教师往往对学科特性分辨不清，对学科教学理论含混不明，这容易导致课堂教学没有方向和特色。只有对学科特征具备深刻的领悟力且具备深厚的学科教学理论基础，我们才能“慧眼识珠”，才能开展高效、优质的教学。

为什么在许多课堂中，教师的评价语会显得刻板、生硬、干涩？其主要原因是教师在评价时游离于课堂情境之外，游离于学科教学的本质之外。尤其是教师没能在教学中坚守学科特性，这致使学生的学习浮于表面、流于形式。在语文教学中常会看到这样的场景：教师请全班学生找出感触最深的句子读一读，接着指名一位学生来读，学生们读的一般是拟人句或比喻句。教师说“好”，并追问：“为什么这句话美呢?”学生回答：“因为这句用了拟人或比喻的修辞手法，使事物更具体、更生动!”教师不假思索地表扬：“对，说得真好!”于是，学习就戛然而止。然而，这种学习只是一种生搬硬套。孩子们遇到这类句子或品读文章时，内心深处只剩下“形象生动”这类毫无感触与意义的陈腔滥调。面对这样的情况，教师应该说明品读文章的目的在于培育学生的语言敏感力，培育学生的心灵敏感力、生命敏感力，也就是要唤醒孩子的生活经验、知识储备、情感积淀、生命体验。鉴于此，我们就不会满足于“形象生动”之类的套话，我们可以用评价语引导学生返回生活、返回内心来细心体会词语的色彩、芬芳和韵致。“形象生动，说得不错！再谈谈你从中感受到什么。”如此一来，我们的课堂教学就不会止于蜻蜓点水、浅尝辄止，而是“仰之弥高，钻之弥深”。在课堂学习无法深入的困境中，教师要善于用评价语由浅入深、由点到面地点化延伸，这样，学生就会越学越有味，越学越有趣。

福建师大的潘新和教授在《语文回望与沉思》中提到张志公先生的一个小故事，让我感慨颇多。在教学实践中，张志公也同样暴露出了文学教育观的偏差和文学语感的欠缺。他说：“在一所小学里，我听过一年级这样一课。课文里描写下雨前的情景，有一句说：‘满天的乌云，黑沉沉地压下来。’老师叫小孩复述课文。有个小孩讲到这里时说：‘乌云黑沉沉地要掉下来了。’老师说：‘不是“掉”下来。云彩能掉下来吗?’小孩子们回答：‘不能。’老师又说：‘书上是怎么说的?’‘书上说“压”下来。’‘体会一下“压”是一种什么样的感觉。’孩子们有所领悟，纷纷举手，要求发言，思想很活跃。如果从小学一年级起，就这样引导学生注意并逐渐体会语言运用的艺术，这不就是文学教育吗?”你能想象当初我读到这里的感觉吗？语文界的大家竟如此教导说应这样死板僵化地进行文学教育，真是让人感到一种莫名的悲哀和心酸。那个天真的小孩子“复述”课文不是照样说一遍，而是将原作经过内化之后再“表现”出来：“乌云黑沉沉地要掉下来了。”“压下来”表达的是一种沉重感、可怕感，而“要掉下来”表达的是一种摇摇欲坠的动感，这是孩子独特的体验和本真表达，它是多么珍贵啊！这就是“存在”的阅读，这才是真正的文学化的“复述”，它比原作的成人话语更加“诗意”！描写乌云密布时，谁都会想到“乌云压城”，想到“压下来”，有谁会像这位孩子一样，想到一个令人错愕的精彩句子——“要掉下来了”呢？一位小学教师感受不到也就罢了，而一直让语文界敬仰的张老居然对这种麻木不仁赞扬有加，认为这位老师是“给孩子们启发，在注意培养孩子们的语感”，而且认为这就是“文学教育”。这哪里是在培养文学的语感？这分明是把孩子们的文学语感活活地给“掐”了。文学的语感，追求的恰恰就是陌生化、个性化、生成性。阅读文学作品，就是读者“反应”的过程，一个再创造的过程。一个语文教师在文学教育中居然会问出“云彩能掉下来吗”如此愚蠢的话，使所有的异想天开的孩子天眼闭合，或许从此就与文学创作擦肩而过。这简直就是罪孽！当读到这里的时候，我的内心一阵绞痛。在过去很长一段时期内，这是被作为“启发式”教学和培养“文学语感”的范例，是多么的可悲！

对于《语文回望与沉思》一书，我除了叹服潘教授过人的胆识之外，更多的是对他敏锐的语言辨析力与鉴赏力的感佩。这就是专业人格、专业精神、专业智慧、专业品质、专业能力。张志公先生因种种原因没有站在学科专业的立场上来分析，造成专业判断失误，没能准确地把握语文学科及其教学的性质，这不能不说是一件憾事。

又如，夏丏尊先生在《文章讲话》中谈到他在当时小学课堂教学中观察的情形：“小学国语教科书的内容更不同，总算是依照了儿童生活的情形编造，内容的吸引力更大，更容易叫读的人忽略形式方面。用实在的例来说，依年代想来，诸君在小学里学国语，第一课恐怕是‘狗，大狗，小狗，大狗叫，小狗跳’吧。这寥寥几个字，如果从文字的形式上着眼去玩味，有单语和句子的分别，有形容词和名词的结合法，有押韵法，有对偶法，有字面重叠法。但是试问诸君，当时读这课时曾经顾着到这些吗？那时先生学着狗来叫给诸君听、跳给诸君看，又在黑板上画大狗、画小狗，对诸君讲狗的故事，诸君心里又想起家里的小花或是间壁人家的‘来富’，整个兴趣都被内容吸引去了，哪里还有工夫来顾到文字形式上的种种方面。据我推测，诸君中大多数的人，在小学里学习国语，经过情形就是如此的。不但小学时代如此，诸君之中有些人在中学里读国文的情形恐怕还是如此。诸君读到一篇烈士的传记，心里会觉得兴奋吗？读到一篇悲情的小说，眼里会为之流泪吗？读到一篇枯燥无味的科学记载，会感到厌倦吧？这种现象在普通读书的时候是应该的，不足为怪，如果在学习文字的时候，要大大地留意。对于一篇文字，或是兴奋，或是流泪，或是厌倦，都不要紧，但得在兴奋、流泪或厌倦之后，用冷静的头脑去再读再看，从文字的种种方面去追求、去发掘。因为你在学习国文，你的目的不在兴奋、不在流泪、不在厌倦，在学习文字呀。”他从许多人习以为常的做法中看到了“方向性的错误”，就是语文教学与其他学科的不同之处。考察今天的课堂教学，仍然是“内容至上”“思想分析”“情感分析”大行其道，至于真正的语言结构、真正的文章表达，则是被轻易地抛弃一旁。夏丏尊先生的“形式方面的教学”理论不啻是一面明镜，语文教学的真相及病症在其中历历可见。

理论的作用就像是古希腊哲学家柏拉图在《理想国》中提出的“把灵魂的目光转向上方，注视着照亮一切事物的光源”。这样，我们才不至于沉陷于琐屑、冗杂的表面现象之间，不至于进退维谷、无法辨明以及陷于举步维艰的困境。法国哲学家埃德加·莫兰说：“现实世界的一个理论不是一个目的地，它只是一个可能的出发点。一个理论不是一个解决的办法，它只是处理问题的可能性。”理论，不能生搬硬套，丰富多彩的理论能够开张我们的心眼，扩大我们的胸怀，磨砺我们的敏感力，使我们重新拥有“黎明般新鲜的感触”及“婴儿般好奇的心灵”。

四、用教育哲学理论“审察”课堂

我曾经在一篇文章中写道：课堂教学与研究需要理论之光的观照。影响课堂教学生活质量的因素是纷繁复杂的。可以这样说，生活有多丰富，课堂教学就有多丰富；社会有多复杂，课堂教学就有多复杂；人类的精神世界有多微妙，课堂教学就有多微妙……

如何才能把课堂教学生活看得清清楚楚、明明白白、真真切切呢？这就需要我们具有丰富多样的理论视角，前后寻觅，左右探求，上下求索，从“横看成岭侧成峰，远近高低各不同”中看出课堂教学的“庐山真面目”。皮特斯说：“人的本质在于他是理性存在物，他的存在的最高形式在于追求理论。教育就是鼓励并促进人们通过最大限度地使用理性，成为一个充分发展的人。”教育的最高命义在于培植与提升理性力量与理论思维，那么，从事教育教学工作的教育者更应该培植与提升教育教学实践中的理论智慧，开拓教育教学理论视阈，以开阔的胸襟与高远的眼界来理解和创造内涵更为丰润的教育教学生活。

在我看来，多样化的理论使我们可以从各个角度来深刻地解读教育教学、引领教育教学。以下据我们日常课堂教学观察的一般情况，介绍了一些教师及教研员不常涉及与运用的理论视角，以期加深我们对课堂教学的理解。

反思日常教育教学生活，我们多是从感觉与经验出发，凭老习惯，按老传统进行课堂教学。究其原由，比较重要的是我们的教育教学生活太缺乏这种哲学思维、哲学思考。湖南师大刘铁芳教授指出，行动的依据来源于理念。理念高于现实，它强调的是人的主体性，也就是强调作为心灵主体的能力。教育作为有灵魂的实践，在于对教育对象的引领，在于启迪个人的内在理念，引领个人实践。

哲学意味着高瞻远瞩，意味着高屋建瓴，意味着通达澄明。缺乏以哲学为背景来观照的课堂教学往往是急功近利的企求；没有以哲学智慧来统摄的课堂教学往往是欲益反损；没有以人生哲学、教育哲学来建构的课堂教学往往只是对知识的搬运……著名教育哲学家乔治·奈勒的话是颇发人深省的："哲学解放了教师的想象力，同时又指导着他的理智。教师追溯各种教育问题的哲学根源，从而以比较广阔的眼界来看待这些问题。教师通过哲理的思考，致力于系统地解决人们已经认识清楚并提炼出来的各种重大问题。那些不应用哲学去思考问题的教育工作者必然是肤浅的。一个肤浅的教育工作者，可能是好的教育工作者，也可能是坏的教育工作者——但是，好也好得有限，而坏则每况愈下。"教育哲学使我们目光更敏锐、智慧更通达、思想更开放，进入课堂，我们就能得心应手、触处生春。

曾在一所小学听了一节生动有趣的作文课，课题为"新教师的印象"。上课的老师热情活泼，课堂气氛相当好。老师先让学生观察自己的外貌、神态、言行，请学生用三言两语来现场描述。接着她就提供了一些关于自己生活与工作的背景材料。其中有一段录像是她的儿子介绍她的："人们都称好母亲是贤妻良母，而我妈妈不仅是良母，而且可称是'优'母，真是太优秀了！比如说，今年暑假她每天都陪我打羽毛球，结果我变得高了，变得壮了，而妈妈则变黑变瘦了。我很是心疼，可妈妈说，只要为了我能长高长壮，她变成非洲黑人也在所不惜啊！妈妈为了我的成长付出了多么大的牺牲啊！"这一片段一播放，老师请孩子们来谈谈自己的感受。孩子们纷纷讲述自己的感想："妈妈真的是太伟大了，为了孩子竟牺牲了这么多！""妈妈为了孩子的成长付出多大的代价！""妈妈每天还要陪着孩子去打羽毛球，真的很辛苦啊！"……老师听了，说了声"大家说得真好"，接着就继续下面的教学环节。

我听了，心里在想：为什么说陪儿子打羽毛球就是一种牺牲呢？"妈妈"听了这种说法怎么默然以对呢？是不是她的心里也是这样想的？

周国平有一段话让我深刻领会了"成人向孩子学习如何生活"的意义。他写道："我还记下我看到的一个场景——黄昏时刻，一对夫妇带着他们的孩子在小河边玩，兴致勃勃地替孩子捕捞河里的蝌蚪。我立即发现我的记述有问题。真相是——黄昏时刻，一个孩子带着他的父母在小河边玩，教他们兴致勃勃地捕捞河里的蝌蚪。像捉蝌蚪这类‘无用’的事情，如果不是孩子带引，我们多半是不会去做的。我们久已生活在一个功利的世界里，只做‘有用’的事情，而‘有用’的事情是永远做不完的，哪里还有工夫和兴致去玩，去做‘无用’的事情呢？直到孩子生下来了，在孩子的带领下，我们才重新回到那个早被遗忘的非功利的世界，心甘情愿地为了‘无用’的事情而牺牲掉许多‘有用’的事情。所以，的确是孩子带我们去玩，去逛公园，去跟踪草叶上的甲虫和泥地上的蚂蚁。孩子更新了我们对世界的感觉。”

对于和孩子一起生活和游戏，我们是抱着怎样的心态呢？我们常常把它视为“神圣的使命”和“伟大的责任”，从来不把它当作是生活的乐趣与生命的意义。仿佛与孩子一起玩就是一种牺牲，就是在浪费时间。杜威先生对此说得非常明确，即在知识、技能方面孩子要向成人学习，而在人生价值与情感方面成人要向孩子学习。如果从这个角度去理解上述课堂教学中教师的教育教学行为，我们可以这样想，虽然看起来是妈妈每天陪着孩子去打羽毛球，可是又何尝不是孩子每天陪着妈妈打羽毛球？

细细分析，这位老师面对学生们的关于妈妈“辛苦”与“牺牲”的发言，应作何反应呢？其实，这位老师从内心深处实话实说即可以了：“跟儿子一起打羽毛球很幸福啊！很开心啊！”这才是真实不虚的生活感受与体验，这也是在传递着一种生活哲学，暗示着一种教育哲学——“孩子是成人之父”！

教育教学实际上是一种心灵的艺术。教师的生活态度、情趣、价值观极大地影响着课堂教学方式与价值取向，甚至是课堂文化的重要组成部分。有位著名的教育学者指出，教育的问题，问题不在于教育。这句话确实含义深刻。想想，一个教师自己在生活中消极被动，他能让学生振奋起来吗？每一位教师必须检讨自己的生活哲学，刷新生活的观念，用一种更富人性与理性的教育哲学来创造更为“诗意”与“思意”的课堂教学生活。

五、用动态的知识观“统筹”课堂

所谓的知识观，就是我们对知识的看法。在很长一段时间内，不少人认为知识是客观的、静态的、中立的。因此，在教育教学实践中教材知识就自然而然被视为不可移易的。

其实，在教育教学过程中，知识是不断地被丰富、被重审、被修改的。石中英先生在其著作中提出了知识的不同形态，即知识是主观的、动态的、有价值倾向的。在教育教学中，知识不是一个名词，而是一个动词，即追求知识的过程。杜威认为：“除了探究，知识没有别的意义……当指出那种未确定的情境中的各种要素，使它们成为一个确定的情境，最后成为一个统一的整体时，经历这个过程的探究者就获得了知识……知识绝不是固定的、永恒不变的，它是作为另一个探究过程的一部分，既作为这个过程的结果，同时又是作为另一个探究过程的起点，它始终有待再考察、再检验、再证实，如同人们始终会遇到新的、不明确的、困难的情境一样。”

不同的知识观必然导致不同的教育教学行为。把知识视为“客观真理”的教师倾向于“告诉”，不欣赏学生的“质疑问难”；而把知识视为“不断生成”的教师则倾向于“对话”，鼓励学生“研究探索”。

1. 真正的教学就是鼓励学生在课堂中不断地“生成”

课堂是学生不断探索知识、获得知识、审视知识、理解知识并积极建构知识的过程，是公共知识向个体知识转化的过程。这一过程中，教师要有兼容并包的心态与虚怀若谷的胸襟，能够宽容学生。著名人本主义教育家罗杰斯曾说：“凡是教师能够讲述的、能够传授的知识，多半是死的、凝固的、无用的知识；只有学生自己发现、探究的知识，才是活的、有用的知识。”

曾经读过吴老师的一个教学片段，印象非常深刻。她写道：

《买椟还珠》这个故事大家耳熟能详，因此教学时我驾轻就熟，课也波澜不惊地接近尾声。“读了这篇寓言，大家有什么想法？”我问道。其实答案早就了然于心，只不过走走过场而已。学生们各抒己见，答案大同小异，都认为郑国人很笨，用很多的钱换来外表美丽但不值钱的木匣子。一切都在意料之中啊！“老师，我有话说！”我寻声望去，是新华。这个小丫头常常有惊人之语，不知今天她又想说些什么？想到此，我微微颔首示意她发表看法。“老师，那个郑国人并不笨。”我惊讶极了，忙问：“为什么？”“那个郑国人喜欢美丽的木匣子而不喜欢珠子，用很多的钱买自己喜欢的东西有什么错？”一石激起千层浪，孩子们议论纷纷……随即又有两三个附和：“可能郑国人是个百万富翁，他只爱收藏漂亮的木匣子。”“他对木匣子情有独钟，不爱宝珠。”“他家里有很多珠宝，他不爱了，木匣子以后还可以增值。”……是啊，只要是自己喜欢的东西，花再多的钱也没关系，被别人误会是傻瓜又如何？我自己也经常买一些在别人眼中是无用的东西，可是我不也自得其乐吗？整天活在别人的想法中没有自我、没有主见，如同行尸走肉，有意思吗？如果从这层意义上来说，郑国人还是个勇者，勇者无惧。想到此，我笑了，轻松地说：“新华的想法很独特，很多时候我们要懂得尊重他人的想法，学会欣赏别人、宽容别人，站在他人的角度想问题！”孩子们若有所思地点点头……

在她的课堂教学中，我们不难看出她的教育教学智慧与见识。她实际上已经打破了对教材的盲目崇拜，对教材中的知识不是以一种“不容置疑”“不容更改”的心态来面对。

日本著名的教育家佐藤学先生在《学习的快乐》中指出：“一旦缺乏如下的见解：知识是一种生成、发展的过程，根据语脉认识知识之意义，那么，学习往往就容易程式化，沦为习得至上的结果主义。”“缺乏生成性、建构性知识观的学习实践，将导致‘过程’与‘语脉’的丧失，归结为‘结果’与‘程式’。”在教学过程中，教师要积极鼓励生成，鼓励一种开放式的倾听，就是带着自己的理解力与学习力进入他人的生活之中，分享他人的经验与智慧，理解他人的困难与处境，努力站在他人的立场上进行感受、思考、交流、对话。师生之间、学生之间彼此接纳、理解、尊重，相互敞开内心、敞亮视野，才能构筑值得信赖的教育教学生活。

2. 深刻的教学就是引导学生对文本与教师不断质疑

“课堂是生命相遇、心灵相约的场域，是质疑问难的场所，是通过对话探寻真理的地方。”陶行知提出，创造始于问题，有了问题才会思考，有了思考，才有解决问题的方法，才有找到独立思路的可能。阅读过程中，学生首先与文本开展对话（即解读作品字面意思的过程），通过与文本的对话，达到与作者的心灵交流的目的。阅读是一个主动探究的过程，学生通过阅读作品（文本），探索、研究、理解、发现作者对这个世界某个方面的观察、感受与思考。

郑玉贞老师在《我家跨上了“信息高速路”》（三年级下册）一文中有一个教学环节，引发了我们深思。

师：课文还怎样告诉我们电脑的用处的？

生：用“可以……可以……还可以……”句式。在互联网里，可以查阅信息，便捷地了解周围的世界；可以用自己的电子信箱和全世界的小朋友建立联系；还可以进行网络购物。

师：这是一种什么说明方法？

生：列举法。

师：这里用列举的方法一下子举出好多例子。

师：你们还知道电脑有什么用处？用上这个句式跟同桌互相说说。

师：谁知道得多？

生说，师点评。

师：哦，这么多呀！那聪明的同学想一想，这一句话中的“。”应该换作哪个标点才合适？

生：省略号。

师：我们敢改过去吗？

生：（齐声说）敢！

师：好，那我们就给它换上。瞧，我们也可以做得比课文更好呢！我们一起读一读。

在这样的教学中，学生不是亦步亦趋地跟随教师，而是对文本中的表达方式进行有理有据的修改。

在课堂教学中，许多语文老师会在朗读课文后问学生："你最喜欢这篇课文的哪一段或哪几个句子？"在《小珊迪》一课上，当老师提出这样的问题时，一位小学生却说："都不喜欢。"老师马上批评学生"自以为是"。学生心中不服，课后对听课老师说："课文中的小珊迪人都快要死了，还记着那一点点钱，我不相信。"面对学生的不服与不满，我们教师能否耐心一些？

动态的知识观，就意味着知识是不断变化、不断更新的，我们在教学中就要重视学生的观点与思考，尊重知识不断修正与更新的过程。在哈佛大学师生中流传着一句名言：教育的真正目的就是让人不断提出问题、思考问题。余文森教授提出，问题是科学研究的出发点，是开启任何一门科学的钥匙。问题是思想方法、知识积累和发展的逻辑力量，是生长新思想、新方法、新知识的种子。问题是推动知识处于沸腾状态的不二法门。

知识不是一成不变地被储存与传递的，它是不断生成、不断被修正、不断被补充、不断被质疑、不断被刷新的，否则，它必然成为死水一潭。而要恢复知识的根性与活力，我们必须把它置于具体的场域及过程之中，用生活经验和生命体验与之进行亲密无间的对话交流，为其赋值，为其增值。

六、用社会学理论“询察”课堂

教育是社会发展的产物，它与社会的思想观念、价值取向、规范程序有着千丝万缕的联系。自然而然的，课堂教学绝不能高蹈于真空，也不能独立于社会生活之外，它与社会生活紧密相连，折射着社会生活的内涵。脱离社会的课堂教学是无源之水、无本之木，是不可思议的。在追寻教育的目的和意义的过程中，我们真切地明白，教育是一种社会个体化或个体社会化的过程。如法国社会学家涂尔干所说的，教育在于使年轻一代系统地社会化。教育与课堂教学和社会有着无法割裂的联系，我们必须通过一些常见的社会学的知识、理论来理解与重构课堂教学。杜威在《我的教育信条》中提出，教育过程有两个方面，一个是心理学的，一个是社会学的。它们是平列并重的，哪一个也不能偏废，否则，不良的后果将随之而来。

在课堂教学中，有些教师常常运用书面色彩较重的词语，学生们听起来感觉艰涩难懂，而老师则是理直气壮地说：“教师的语言是学生学习的范本，没有文雅、高雅的表达，哪里能培育有文化、有品味、有涵养的学生呢?”有些教师则纯粹是一种白话，说话平白无味，然而，却又振振有词地称：“你们不是说，教学时说话要通俗易懂吗?”面对这两种截然相反的质问，我们应该如何回答呢?

针对这个问题，我们可以用社会教育学中伯恩斯坦的语言编码理论来进行分析，他对语言编码的研究揭示了学生学习成功与否的原因。伯恩斯坦把教师的教学语言分为精致编码与粗糙编码。他认为，现行教材表达和教学语言属于精致编码，非常正规，适合出身于中产阶级的学生学习，因为他们从小就受到受过较好教育的家长的熏陶，在日常生活中也接触过精致语言编码，因此学习适应期短。而对于出生于一般家庭的学生，这样的语言编码则不利于其学习，因而是其学习成绩落后的原因。家庭中拥有多少书籍，家庭中父母是否热爱读书与谈论读书，关系到学生在精神生活中是否对精致编码具有敏感力与解读能力。为此，我们在追求教师语言精致、精美的时候，要注意大部分学生的“可接受性”，在教学时应循序渐进地促进“精致编码”能力的发展。同时，我们要通过大量的阅读来提高学生的语言品质与解读精致编码的能力。

四川成都师大的陈大伟教授举了一个例子，他观察了两位教师上《画家和牧童》这一课的情况，两位教师在写课题时都是把“画家”二字写得大一些，“牧童”二字写得小一点，然后提问：“请同学们观察，老师的板书有什么特点?”学生回答：“‘画家’写得大一些，‘牧童’写得小一点。”老师接着说：“是的，这里的画家是一个著名的画家，牧童是一个十分普通的牧童。”边说边在“画家”“牧童”下面分别写上“著名”“普通”，接下来的教学活动是分析画家画画的技艺如何出神入化，一个如此著名的画家面对一个牧童的指正时如何从善如流……

陈大伟教授的分析是：“看到老师这样教学，我不禁想和大家讨论这样的问题：我们应该学习的是谦虚这种品质，还是名人的谦虚品质?‘小’与‘大’的对比是成就方面的，还是人格方面的?这样处理是不是就在培养孩子的‘名人崇拜’心理?”

这里就是从社会教育学的角度来看待课堂教学的细节。上述教学中，教师在无意识中渗透与灌输一种“画家是高贵的，牧童是低贱的”的思想。此时此刻，我们的课堂教学是在社会流行的风尚中“随波逐流，迷失自我”。

王淦生老师针对课堂观察中存在的“无原则、无是非的夸奖”现象写了一篇文章——《“夸奖式教育”质疑》。他认为，一个人在中小学久了，便会练就一项坚实的基本功——夸奖。因为教育界普遍迷信“夸奖”乃是促使学生健康向上的“利器”，以至于“好学生是夸出来的”这句话已成了流行于中小学的一句名言。

倘若“夸奖”的效果真的这般神奇，那教育就是件再简单不过的事了。但教育工作是人世间最为复杂的工作之一，“夸”也好，“骂”也罢，光靠“单兵种作战”大概是难以获得理想的教育效果的。刚柔相济、当夸则夸、当骂则骂，恐怕才是真正行之有效的育人之道。

曾经听过一则“低幼”笑话，说的是一名刚上小学的孩子一天放学回家兴高采烈地向父母报喜：他今天受到老师的夸奖了。妈妈忙问受奖原因，孩子答道：“老师出了一道题，问‘5＋3’等于多少，我答‘等于9’。”妈妈说：“那你不是错了吗？”孩子说：“其他同学还有答‘10’‘11’的呢！老师夸我的回答最接近标准答案！”

笑话之所以成为笑话，就在于它的荒诞不经。但若是从“夸赞教育法”的角度来掂量，我们又不能不承认笑话中的那位先生是位绝对按专家总结的“教育规律”行事的循规蹈矩之师。但这种近乎于荒唐的“夸奖”对提高学生的数学运算能力、训练学生精确周密的数学思维、端正学生的学习态度、培养学生良好的学习习惯到底能有多大的裨益？

在实际教育中，许多教师对学生不吝赞赏，连一句批评的话都很少说，把学生当成了耐受不了一句逆耳忠言的“玻璃人”，这难道会有助于学生的成长？在赏识教育的大背景下，原先的“操行评语”如今都已易名为“班主任寄语”“老师寄语”。为什么？评语者，“评论的话”也。既为“评论”，自然是有好说好、有坏说坏。而“寄语”只不过是提提希望而已。一些“以学生为上帝”的学校，更是大会小会明令班主任写“老师寄语”时不得出现正面的批评。

我不知道盛行于当今社会的“报喜得喜，报忧得忧”的恶浊风气与学校的这种“夸奖式”教育有多大联系，但我敢肯定绝不会毫不相干。一个人从小到大受惯了恭维、听惯了夸赞，你能指望他走上领导岗位后会一下子变得虚心纳谏或闻过则喜吗？更为重要的是，大到一个国家、一个民族，小到某一单位、某一个人，要取得进步和发展，都离不开来自各方面的针砭和批评。这就像一个人要想健康地活着，在吸纳各种营养的同时，也免不了要接种防疫、打针、服药以应对各种疾患。我们提倡对青少年应当多表扬、多鼓励、忌“棒杀”，但一味地颂扬和吹捧却是应当停止的。

这就是由小及大、由浅入深式的课堂观察。将课堂中的一些不合理的现象与社会中的一些怪现状进行比照，用心细察还可能从课堂中发现社会的影子，课堂生活形态在影响着社会生活，社会生活也会影响课堂生活形态。

有些人从社会学的角度来考察小学语文课本中“性别差异”或“男女不平等”的问题。他们以“想想，课本中的男性和女性都在做些什么”“小学语文课文的性别分析”为题进行研究，发现教材中无论是人物的性别比例，还是两性在故事中的重要程度、两性角色的职业分布、两性的性格特质，女性自始至终都低于男性，处在极低或较低层次，而男性则作为“社会的主宰”“家庭的核心”。在152篇涉及人物的课文中，共出现人物240人次，其中女性49人次，男性为191人次。在女性出现的部分课文中，女性不一定是课文的中心，而只处于陪衬地位。在两性共同出现的课文中，女性角色也多是男性角色的衬托。从教材的女性类型分析，女性多以家庭型、传统型角色为主。49名女性以家庭成员身份出现的有32名，而男性角色的主体定位在社会生活领域。191名男性中既有国家和党的领导人，也有军人、工人、医生、教师，还有科学家和智慧的长者。

这些都是从社会学的角度来观察课堂教学，它给我们别开生面的感觉。在通过社会学的内在探测之后，面对价值理解的偏差，我们要以更普适的标准来统摄课堂教学：一味地顺从与适应，那是平庸甚至是庸俗的教育。教育不但要适应社会，同时还要改造社会。

七、用课程论意义“探察”课堂

从课程观的角度来观察课堂，就是要确立课堂教学回归到课程的原义，让每一节课成为师生探索美好生命的旅程与激发思维的过程。在这样的探索过程中，课程要深刻地体现学生的经验、体验乃至生活、生命。那么，课程的真正意义是什么呢？华东师大张华教授在《课程与教学论》中非常清晰地梳理了一条认识轨迹：其一，教材即课程，我们所教、所学、所考无非就是围绕教材大做文章，离开了教材，就无法进行教学；其二，把教学的目标当作课程；其三，学生的学习体验就是课程。他指出，进入20世纪70年代，课程的内涵发生了重要变化，呈现如下六个趋势：（1）从强调学科内容到强调学习者的经验和体验；（2）从强调目标、计划到强调过程本身的价值；（3）从强调教材这一单因素到强调教师、学生、教材、环境四因素的整合；（4）从只强调显性课程到强调显性课程与隐性课程并重；（5）从强调实际课程到强调“实际课程”与“空无课程”并重；（6）从只强调学校课程到强调学校课程和与校外课程的整合。基于这样的分析，我们通过这几方面来考察课堂教学中的课程意识，并辨析其优劣得失。

1. 从学科课程到经验课程

没有学生生活经验的课程与课堂是贫血的，缺乏学生真实体验的学习是苍白无力的。课堂教学要把师生的生活经验与生命体验作为根基，学科知识才可能在这样的土壤中生根、发芽、开花、结果。平纳提出，要获得个体的自由和解放，学校课程绝对不能局限于系统化的书本知识，而要观照个体作为具体的活生生的存在的生活经验。余文森教授认为，体验使学习进入生命领域，因为有了体验，知识的学习不再是仅仅属于认知、理性范畴，它已扩展到情感、生理和人格等领域，从而使学习过程不仅是知识增长的过程，同时也是身心和人格健全与发展的过程。课堂观察要观察课堂生活，比如，教师是在拒斥还是在迎纳社会生活？是把学生引向广阔的世界，还是把学生封闭在狭小的生活时空之中？

于永正老师在《蹲下来看学生》中写道：有一次，我听到一位教师教《乌鸦喝水》。读到“乌鸦把一个个石子衔起来，放进瓶子里，瓶子里的水慢慢地升高了”时，老师问“慢慢”可以换个什么词。有换“渐渐”的，有换“一点一点”的，也有换“逐渐”的，老师高兴地给予肯定。忽然有个小朋友说：“还可以换‘慢腾腾’——瓶子里的水慢腾腾地升高了。”老师微微一笑，说：“不行啊，‘慢腾腾’用在这里不合适。”……老师说的对吗？对的，因为在大人看来，这样说是断然不对的。此话如果出自大人之口，人们一定会发笑的。但是，如果蹲下来，用孩子的眼光看呢？在孩子眼里，什么都是有生命的、有感情的，不要说他们对着玩具喃喃自语司空见惯，对着茶杯、茶壶之类的东西说个没完没了的又少吗？孩子说：“瓶子里的水慢腾腾地升高了。”我看完全在情理之中。

在于永正老师的分析中，我们看到的是他首先关注的是儿童的生活经历与生命体验，正因为如此，他认为守护学生的童心，以童真童眼来看待课堂是“合情合理”的。郭元祥教授认为，教育过程就是引导儿童的生活不断合理重建的过程，实施一种生活的教育。那种向儿童灌输知识，告诉过去模式化的经验，把儿童的现实生活与可能生活隔断，把儿童禁锢在被称为经典的“书本世界”之中而割断他们的个体生活和社会生活的活动，哪里称得上有魔力和有生命感的“教育”？对理论知识顶礼膜拜、唯科学世界独尊以及对学生生活的冷漠，迫使学生只能被动接受知识；课程缺乏相应的生活意义和生命价值观，不能观照学生的生活世界，于是课程世界里学生的“失我化”使“人”被隐藏起来。

2. 从预设课程到生成课程

美国学者塞勒等人提出的三个隐喻可以帮助我们思考课程与教学的关系：隐喻一——课程是一幢建筑的设计图纸，教学则是具体的施工过程。作为设计图纸，会对如何施工作出非常具体的计划和详细的说明。这样，教师便成了工匠，教学的好坏是根据实际施工与设计图纸之间的吻合程度，即达到设计图纸的要求来测量的。隐喻二——课程是一场球赛的方案，这是赛前由教练员和球员一起制订的，教学则是球赛进行的过程。尽管球员要事先制订打球方案，但他们也要根据场上具体情况随时作出明智的反应。隐喻三——课程是一个乐谱，教学则是演奏的过程。同样的乐谱，每一个演奏家都会有不同的体会，从而有不同的演奏效果。为什么有的指挥家和乐队特别受人欢迎呢？主要不是由于他们演奏的乐曲，而是他们对乐谱的理解和演奏的技巧。课堂教学不是按教案预设的一切来执行，而是根据课堂中的生命状态作出相应的调整。

人教版语文五年级下册的《临死前的严监生》，主要描写了家财万贯的严监生临终前因灯盏里点了两茎灯草而固执地伸出两根手指，直到妻子赵氏挑掉了一茎才肯断气的情景。作家吴敬梓入木三分地刻画了这个爱财如命的吝啬鬼形象。马凤霞老师在教学中，为了让学生充分与文本进行对话，使其从整体上感知严监生的形象，并为深入感悟语言和领悟写法打下基础，一上课就提出一个问题。“请大家认真默读课文，看看严监生是一个什么样的人，说说你是从哪些词句中读出来的。”学生在默读思考后纷纷举起手。

“我认为他是一个爱才如命的人。”

“他纯粹是个守财奴。”

“他绝对是个铁公鸡——一毛不拔。”

“我觉得他是个吝啬的人。”

学生的回答都在老师的预料之中。就在马老师准备进行课堂教学的下一个环节时，一个男生高高地举着手，她就示意其回答。男生站起来后自信地说：“老师，我有不同意见，我认为严监生不是个吝啬的人，而是个节俭的人！”听了他的话，老师愣了一下，微笑着说：“哦，你的见解很独特，有同学支持他的意见吗？”没想到全班竟有十几个学生举手表示支持。老师紧接着说：“好，真理不辩不明，严监生究竟是吝啬还是节俭，还得从课文中找答案，下面就请同学们再仔细读读课文，为自己的观点找一找理由！然后我们来个辩论，好吗？”学生读书时个个都很投入，他们在辩论中发表的见解也很精彩。宁宇同学说：“我刚才查了字典，‘节俭’的意思是‘用钱等有节制’，而‘吝啬’的意思是‘过分爱惜自己的财物，当用不用’。‘节俭’是褒义词，‘吝啬’是贬义词，我觉得吴敬梓笔下的严监生应该是‘吝啬’而不是‘节俭’。”还有学生说：“我同意宁宇的意见，我还能从课文中找出依据。课文中有

'晚间挤了一屋子人，桌上点了一盏灯'。晚上很黑，房里又挤满了人，但只有一盏灯，就算是两茎灯草，屋里光线也不会太好。而且此时他已经快要死去，还坚持这样做，分明是过分爱惜自己的财物，当用不用，典型的'吝啬'。"……

马老师紧接着说："是啊！节俭是用钱等有节制，也就是不该用时不浪费，该用时不吝啬，是一种美德，你身边有这样的人吗?"学生列举了许多现实中生活真正节俭的人，马老师不失时机地追问："那么，严监生临死前没有表现出对生命和亲人的留恋，心里只想着那油灯里的两茎灯草，这叫节俭吗?"学生十分整齐地回答："不能。"……

对于课程的生成，教师必须基于学生的学习情况，随时随地地进行因势利导。苏霍姆林斯基提出，教师要善于偏离计划以至完全改变计划，这并不是不尊重计划，而恰恰是出于对计划的尊重。

3. 从分科课程到整合课程

读到傅雷给傅聪的信中的一段话，我久久无法忘怀。这位学者告诫他的儿子道："先为人，次为艺术家，再为音乐家。"显而易见，我们的基础教育应该培养真正的人，为学生的一生奠定基础。基础教育不仅仅是让学生获得基础知识和基本技能，更重要的是要让学生获得基本的人的素养。梁思成先生于 1948 年在清华大学作了名为《半个人的时代》的演讲，他抨击人的异化与畸形，认为许多人蜕变为半个人。而杨叔子先生认为时至今日，许多人退化为四分之一个人、八分之一个人，甚而不是人。

综合性，不仅是对各学科、各领域知识的综合，更重要的是追求完整的生命。教育要培育与塑造的是有丰富情感、有健康人格、有健全理智、有美好情趣的完整的人，而不是为了某种目的与实用价值训练一些"单面人"或"畸形人"。在世俗功利的目标的导引中，人生命中的某一功能、某一部位、某一机体被过度地开发，而生命的其他功能、部位、机体因受到忽略而退化、蜕变，导致生命整体发展的失衡与倾斜。人文素养与科学素养之于个体整体生命的成长，如鸟之两翼、车之两轮，不可有所偏废，不可有所抑扬。肖川先生提出：“在狭隘的学科观念背景下，过分地局限于本学科知识与内容，不仅会禁锢教师自身思想的自由驰骋，也不利于我们培养视野开阔、才思敏捷、具有雄浑浩博的哲学气质的人才。”

郑颖颖老师在以“望月”为主题的综合性学习中，针对主题特点，结合学生的活动情况（活动分为“观月景，画月景，唱月歌，赏月章，写月文”这几个部分），让学生诵读古代诗人的咏月诗词，品读现代作家们的写月佳段，引导学生品味月亮的文学形象，感受不同的望月情怀，体会描写的精妙，练习写“月文”，从而提高学生习作能力。他们运用了多种艺术形式来进行展示，如诵读、讲故事等；他们合作探究、协调交流、各抒己见，有效地转变了学习方式；他们不为活动而活动，而是在活动中注重知识的积累、文学情感的熏陶，成功地培养了综合能力；他们随机应变、点评中肯，口语交际能力得到有效的训练。学生对文学的爱好，对语文的学习热情，令人惊异。

整合还表现在不同的知识点之间的联系与互动。学生常常是读一课忘一课，读一单元忘一单元，读一册忘一册……到了小学六年级毕业后，让他们再来回忆一下小学里学过的课文，他们的印象基本上是模模糊模……究其原由，就是缺乏一种整体性的联系与对比，缺乏一种明确的统整与建构。

郭思乐教授提出，人固然可以一点一滴地学知识，但一点一滴的知识是缺少整体生命的。有如打成碎片的维纳斯不美，而整体的维纳斯才美一样，知识只有处于整体状态的时候，特别是对儿童的个体有整体意义的时候，它才呈现出其“生命”。整体知识可以是一部生动的历史、激动人心的活动、美丽的画图或者隽永的故事，它们或者依据自然形成的逻辑框架，或者观照生活需求的现实模型，生机勃勃地展开，从而对儿童产生强大的感染力和吸引力。

正如杜威先生所说的，一切的学科，都是从唯一的大地和寄托在大地上的唯一的生活的各方面产生的。我们并没有一系列的分层的大地，一层是数学的，另一层是物理的，又一层是历史的，等等。在任何单独的那一层里，我们都不能生活得很长久。我们生活在所有各方面都结合在一起的一个世界里，一切的学科都是在这一伟大的共同世界的各种关联中产生的。

4. 从师本课程到生本课程

郭思乐教授认为，教学的本质就是从学生出发，以学生为本，为学生的发展服务。他指出，人本主义心理学家罗杰斯把这种见解推到极致并表达了一种信念，即没有人能教会任何人任何东西。当然，我们可以这样理解：学生学会任何东西，最终都要通过自己的内化，因而，这个最后过程并不是教师完成的。就是从这个意义来说，知识的获得最终不是依靠教，而是依靠学。这就意味着，在课堂观察时我们要关注教师的教是以学生为本还是以教师为本。

我曾观摩过一位老师上一节题为《班级里的小故事》的作文课，其间一些细节值得深思。老师先讲述自己小时候班级里的故事，学生们听了很是兴奋，许多学生开怀大笑。她趁热打铁、顺势而导，让孩子们交流自己在班级的一些小故事。有位戴眼镜的小女生站起来绘声绘色地讲她们怎样与男同学争夺游戏场地。她说："只要下课铃一响，同学们便像小兔子一样往操场上奔去……"老师听了，身体前倾，手势一顿，重复这位女生的话："像小兔子一样？"孩子们就嚷嚷起来："不行，应该是像风一样快地冲下去。"张老师一听，当即一脸灿烂："还像什么呢？"一个学生大声说："像狮子追着猎物一样！"老师轻皱眉头："换一种说法，还有呢？"一个学生有点激动地说："我认为我们每次都是争先恐后地跑，用像野马一样往下乱跑更好！"老师还是有点惊愕之色，说："怎么能这样乱跑？这可不行，摔下多危险！"有个女生小声地说："像小鸟一样飞出来。"老师使劲地点头说："对。"有个孩子再补充说："像刚出笼的小鸟一样飞出来。"教师连声赞叹："好，说得更具体！"还有位学生说："我们像被一只恶狗追着往下跑。"教师不置可否。另一个学生说：“我们也可以说，同学们像箭一样飞快地冲下去了！”老师说：“不错，同学们要注意比喻的准确性，像风、像箭、像小鸟就说明了很快的意思。”后来，教师引导学生品读一篇描写“课前三分钟”的生动场景：上课铃响后的安静；一个同学一声怪叫后的骚动；在大喊“老师来了”之后的沉静；结果老师还没来，同学的爆笑；教师来了，全班不知，仍在演闹剧。之后，教师请几位学生来谈感受，一个学生说：“教师在与不在都要认真读书！”另一个学生说：“老师没来时，一定要自己学习，时间是宝贵的！”教师一听急了，怎么学生不太理解，便提示道：“两位同学好像忘了规则，回答的好像是思品课的内容，这些留给思品课去上吧！”

在这样的课堂教学中，很显然就存在着“教师为本”。比如，在描述学生的动作“快”的时候，教师以自我为中心，对学生的表达进行评判，一方面要求学生找寻语言表达的“新意”，另一方面又要求符合教师的“规则”，还要考虑教师的“语言习惯”。这样一来，学习的重心就向教师的教转移，并且教师的教完全替代了学生的学。这导致学生的亦步亦趋，最后摧毁了学生学习的主动性、自主性和创造性。

课堂观察的立场

观察者进入课堂时，不仅仅是以观察者的身份。观察者只是其显性身份，其身上还有不被一般人重视的隐性身份——父母、学生、教师、研究者。即观察者首先要以观察者的身份进入课堂，其次要带着父母的用心、学生的心态、教师的感受、研究者的眼光进入课堂。只有不断地转换身份，观察者才能对课堂有整体深入的把握。

一、父母的用心

曾经去参加儿子的家长会，幼儿园组织家长们和孩子们一起过课堂生活。进入课堂后我非常在意一些细节：教师有没有提问我的孩子？有没有和我的孩子进行目光的交流？有没有微笑面对我的孩子？教师的语态是不是亲切温和？孩子与同桌是不是和睦相处？孩子与其他的同学能否友好相处？孩子是不是自信而大方地表达自我？孩子是不是学会了倾听？是不是学会了……总之，孩子是不是感到自由和舒适？

对于每一个父母而言，我们都希望教育能为孩子的幸福生活奠基。在许多心态健康的父母眼里，孩子的幸福生活应该具备的要素依照顺序排列如下：健康、幸福、品行、学业……课堂应该是幸福生活的开始，而不是通向幸福人生的阻碍。作为父母，进入课堂时我们多么希望孩子与同龄人一样学习着、思考着、快乐着；多么希望孩子能够受到教师的关注与同伴的欢迎；多么希望孩子能够自信大方地与教师、同学交流；多么希望孩子有良好的学习习惯；多么希望孩子有美好的品质；多么希望孩子……

1. 爱的敏感

作为教师与研究人员，要善于从父母的角度来审视教育与课堂。如果秉具父母的心态来从事教育教学，我们就不会鼠目寸光，斤斤计较于一道题之得失，计较于一分之高低。我们就可能从长远的角度来眺望教育教学，从生活与人生的视野来阅读课堂与孩子。我们时常引用这么一句古话："一日为师，终身为父。"在许多时候，我们似乎是过于强调教师的权威与学生对教师的恭敬，却淡忘了为师者的慈爱。从父母的角度上来观察与体察，我们就真正将爱心化为触手可及、触目可见的了。加拿大著名教育家马克斯·范梅南先生提出，教师最好的形象就是替代父母的形象。正是怀着一颗作为父母的心，我们才能够觉醒并以柔情面对孩子。让我们的爱酝酿成无所不在的空气，时时刻刻地拥抱孩子，我们要关注孩子的一言一行，甚至是一个稍微变化的眼神。如马克斯·范梅南先生在《教学机智——教育智慧的意蕴》中所描述的，犹如熟睡中的母亲，常常会因婴儿一个轻微的翻身而惊醒过来。这种敏感是来自于爱的责任与使命。

生命是如此的脆弱，如同一个青花瓷瓶一般易碎。每一次不经意的震荡都可能给它带来无法弥合的裂缝。只有对生命与心灵保持着小心翼翼、关怀备至的呵护，教育教学才能保全生命中独一无二的完整性。从最深刻的文化层面来分析，人类为了寻求一种生命的整体感、一种灵魂的寄托，将年轻的生命托付给教育。然而，学校时常会在无意中让他们伤痕累累、残缺不全、面目全非。最好的教育就是对人心的脆弱与体验予以最为细致入微的体察，并最能施予同情、理解与保护。

在意大利著名作家亚米契斯的《爱的教育》中随处可见老师及成人是如何敏感地感受到生命的脆弱性，如何用心地体贴生命的完整性，唯恐孩子们产生心灵的"裂缝"与"空隙"。其中"卡罗纳的母亲"这一章节中，有一个细节特别打动人心：卡罗纳的母亲在星期六晚上病故。在放学时大家都没有跟他说话，只是用深切的目光看着他，围在他身旁。看见母亲在等"我"，"我"就跑过去扑进她的怀抱，母亲却把"我"推开，专心地望着卡罗纳。"我"不知道母亲的意思，转过身，才发现卡罗纳独自站在一边，他的目光里充满着无法形容的悲哀：你可以有妈妈拥抱，我却再也不能了，你妈妈就在你身边，我妈妈却已离开人世了！于是，“我”没有拉母亲的手。“我”明白母亲推开“我”的用意，就一个人走了。

多么细致深入的用心啊！这让任何有心的人都会深深为之折服。无微不至地关照着每一个人的内心感受，极尽所能地呵护陷入困境与悲伤的心灵。用天下父母共有的爱心与细心来照料孩子脆弱的心。因为，父母对子女的用心与细察真的是达到了无微不至的地步。父母们几乎都能读懂孩子的一低头一皱眉的含义，都能理解孩子目光中诉说的含意……

曾现场观摩过一位青年女教师的作文课。这一节作文课被录了下来，经过层层选拔比赛，在市里现场上课荣获一等奖。之后，这节课要作为市里的代表作被送到省里参加评选，这对一位乡村小学女教师而言，是至关重要的事。作文课中有一个环节是等学生用8分钟时间写好一个片段后，教师请全班学生四人一小组推选出一篇文章，放在教师事先准备好的“藏宝箱”里。学生们兴奋地将文章放入了这一箱子后，女教师就拿着“藏宝箱”随意请一位学生来抽一篇文章，把它放在投影仪上投放出来，让学生们一起来评赏。这个环节是这节课中的亮点之一，而这篇被抽到的文章片段写得好不好，就影响到这节课的效果。因为是借班上课，上课教师对学生的片段写作水平又不太清楚。基于这样的考虑，有位指导老师指点“秘诀”：上课老师先准备好两篇现成文稿，放在讲台旁，等学生抽作文时，不管是抽了哪一篇，上课老师都可以移花接木，把准备好的作文拿来赏评。这样既神不知鬼不觉，又有备无患、稳操胜券。但上课老师没有按照计划去展示准备好的两篇稿子，而是直接拿学生抽出的文章引导学生们赏评。结果，这两篇文章写得平平，错别字、病句不断。学生们的评议，更多的是从一字一词上下工夫。指导教师目瞪口呆，这与原先的思路——“引导学生以赏为主”的作文教学理念大相违背，因此他有点气急败坏。上课教师则是平和而坦然地引导学生如何品析、如何将字词用好用顺、如何将句子写生动……这节课结束后，指导老师有点不满地问上课教师为什么不按原先计划行事。上课教师为难地说：“在上课的过程中，我一直觉得这样做对孩子不好！孩子的眼睛与心灵是最敏感的，容不得任何欺骗。”这节课虽然没有上得尽善尽美，可是她自己感觉非常实在，非常自然。

学生的眼睛是最为明亮的，它能洞彻教师的五脏六腑，能透视成人的灵魂。同时，学生的心最为柔软和脆弱，我们如果不小心翼翼地去理解、去包容、去翼护，那么它就会伤痕累累。教育者要用一种无所不包的胸怀为他们的心灵创造一个充盈的生命氧吧。

去一所学校参与所谓的课改督查时，我去观察师生课堂生活的状态。最后一节课，操场上四五个班级的孩子在上体育课。三年级的小朋友在玩游戏，七八个人围成一圈做类似于丢手绢的游戏。太阳强烈地照射在操场上，虽是春末，但仍然能感觉到夏天般的热气。站了一会儿，我就感到脸上火辣辣的难受。有五六个孩子把校服的上衣向上翻卷并遮在头上，一边擦汗一边小声地嘀咕："太热了！"一位年轻的女教师见状走过去，一一将孩子们的"盖头"轻轻掀开，然后帮他们整整上衣的领子。我心一动，走过去问一位将上衣遮住头的男孩子："你是不是觉得太热了？"他仰面一看，见是个陌生人，有点惊讶，不好意思地说："没，没有啊！"我微笑地扫视了这一圈同学，又问："大家为什么把衣服遮到头上去？"一旁的学生几乎是齐声喊道："热，太热了，热死人啊！"望着孩子们边揩汗边不耐烦地玩着游戏，我心想，游戏的本质应该是让人放松、自由、快乐的。卡尔·威特一直提倡给孩子游戏和成长的空间，他认为游戏是人在这一阶段中最纯洁的、最神圣的活动，游戏能给人快乐、自由、满足；一个能够痛快地玩游戏、直到身体疲劳为止的儿童，必然会成为一个完全的、有决心的人。可是在上述课堂中，在这种状态下，游戏成了孩子们不得不完成、不得不忍受的任务，这与游戏精神是相违背的。为什么我们不以父母的心思来体察孩子呢？学生们被太阳晒得汗流满面，被晒得烦躁不安，被晒得头晕目眩，这与教育有何关联呢？也许，有些人会振振有词地辩驳道，这是进行纪律训练，进行吃苦教育，进行意志磨炼。甚至有些人也会举例子来说明这种教育的重要性与必要性，如日本的一些幼儿园在冬天的时候经常让孩子穿短裤、打赤脚来上学。我没有这份荣幸能亲眼目睹日本孩子是怎样与严寒作斗争的壮举，但是我凭直觉觉得这种训练只是偶尔为之的，或其真实性也可能大打折扣。

所有的训练必须以孩子的心理与身体承受力为限度，过犹不及。对于孩子而言，我们不能对他们过度保护、过度纵容、过度溺爱，但也并不是要时时让他们吃苦头、翻跟斗，人为地设置困难与障碍，让他们受到折磨。教育所要做的事是尽可能地减少痛苦，尽可能地增加幸福。教育的主要目的是要给予学生幸福，除此之外的任何利益都是借口与干扰。我们常说可怜天下父母心，父母心里包含着多少的热爱与柔情！孩子都喜欢一些当过妈妈的老师。我想，小学阶段，许多学生也会怀有同样的期待与依恋的。

2. 爱的智慧

以父母的心态来看待教育教学和课堂，学校生活就会充满人性关怀与生命色彩。这种爱的观照，不仅是出自本能的反应，还包含着智慧、理性和远见。

我读到吴若权的一篇文章，心中有不少感慨。这篇文章的题目是《数学题中的人道精神》。文章内容如下：朋友的孩子就读于私立小学五年级，这是个人人羡慕的贵族学校。但是最近为了协助孩子处理一道数学题，他气愤地跑去学校和老师理论。题目的大意是，发生山难，登山者A获救，碰到B和C。B拿出4条面包，C拿出5条面包，肚子饿了，三个人平分这些面包。A从身上掏出600元钱，B和C应该跟他要多少钱？数学题的正解是，B应得200元，C应得400元，因为B自己吃了3条，只拿出1条给A，而C自己吃了3条，拿出2条给A。B和C拿出的比例是1∶2，所以600元应该按照1∶2的比例分配给B和C。从数学的观点看，命题逻辑严密，解答正确。但我的朋友看完题目的解答之后，非常伤心。“怎么会这样呢？竟然教小孩子向发生山难的人收面包钱？”他难过地说：“哪一家的面包这么贵啊？”他的太太也抱怨。他和校方约好时间，针对这个题目给出自己接近人道精神的答案：“应该不用收钱。”校方非常客气地接待了他，并说明参考资料不是学校老师所编，以后会请老师多注意等。他心里明白，这不过是形式上的交代，但他并不灰心："学校教育只是一部分，幸好我们还有家庭教育可以补救。以后要花更多时间陪孩子做功课……"

我很佩服文中这位家长的教养和态度。他没有推诿为人父母该有的责任，当他发现学校偏重知识教育，忽略品德教育的时候，他警觉地提醒自己，还是要靠家庭教育来打基础，不能全部仰赖学校。毕竟，人一生的成功不是单靠知识就能成就，知识只是其中的一环而已。

张文质先生在进行课堂观察时说："我的女儿就在这里就读，我来到学校更多的是以一种父亲的心情。教育最核心的问题就是它到底会对学生一生有什么样的影响，它成全的是什么样的人，多年以后，我的女儿一定会回忆起这样的一所学校对她而言很多意味深长的生命场景，这两天我也带着一个父亲的心情，来到了现场。"

我深信教师的教育观念和生命意识才是学校文化中最具意义的力量，教师不仅是知识的传授者，更重要的是，他是作为具体的一个人影响着他班上每一个学生。教育是通过这个具体的人而在塑造着更多具体的人，这样的影响对成长中的儿童而言是直接、持久、深刻的，我们最需要花费的心力也就在于这样的教育自觉上，目光向内才可能知道自己的责任，才可能知道一切变革正因为"我"的参与而变得更有可能。

用父母的心来面对课堂，我们就可以弥补专业研究的情感不足，可以超越作为教师的"教导者"身份，可以真正与孩子构成一种"一起生活的感觉"。美国著名的教育家帕克·帕尔默认为："把教学缩减为纯智能的，它就是冰冷的、抽象的；把教学缩减为纯情感的，它就成了自我陶醉；把教学缩减为纯精神的，它就丧失现实世界之根基。智能、情感、精神依赖于相互之间的整体性，它们应完美地交织在人的自我中。"对于教育教学，我们应作如是观。而对于教育教学的实践观察，我们同样也应抱持着这种观点。课堂观察中的不同视点——教师的感受、学生的立场、研究者的眼光、父母的用心，也是依赖于相互之间的整体性，它们应完美地交织在人的自我中，应完美地交织在观察者的整体实践与思考之中。

二、学生的立场

孩子的世界有时是成人难以理解的。在世俗中浸染的成人用浑浊的目光是无法透视孩子水晶般玲珑剔透的心的。太过现实、实用的成人标准在孩子的生活中可能是不合时宜的。也许，台湾著名的女作家张晓风的《海滩上没有发生的事》这一篇短文会带给我们更深刻的启示。

天热了，学校离海不远，老师把学生带到海边去玩。他们不太敢让学生下水，怕出事，校长却不怕，他自己站在水深处，规定学生以他为界，只准在水浅处玩。

小孩都乐疯了，连极胆小的也下了水，终于，大家都玩得尽兴了，学生纷纷上岸。这时，发生了一件事，把校长吓得目瞪口呆。

原来，那些一二年级的小女孩上得岸来，觉得衣服湿了不舒服，便当众把衣裤脱了，在那里拧起水来。光天化日之下，她们竟然造成了一小圈天体营。

校长第一个冲动便是想冲上前去喝止——但，好在，凭着一个教育家的直觉，他等了几秒钟。这一等，太好了，于是，他发现四下里其实并没有任何人在大惊小怪。高年级的同学也没有人投来异样的眼光，傻傻的小男生更不知道他们的女同学不够淑女，海滩上一片天真欢乐。小女孩做的事不曾骚扰任何人，她们很快拧干了衣服，重新穿上——像船过水无痕，什么麻烦都没有留下。

不能想象，如果当天校长一声吼骂，会给那个快乐的海滩之旅带来多么愁惨尴尬的阴影。那些小女孩会永远记得自己当众丢了丑，而大孩子便学会了鄙视别人的"无行"，并为自己的"有行"而沾沾自喜。

他们是不必拭擦尘埃的，因为他们是大地，尘埃对他们而言是无妨无碍的，他们不必急着学会为礼俗规范而羞惭。他们何必那么快学会成人社会的琐碎小节。

许多事，如果没有那些神经质的家伙大叫一声："不得了啦！问题可严重啦！"原来也可以不成为问题的。

在张晓风看来，这位校长的行为是凭着教育家的直觉。而我认为，这位校长是童心未泯，他站在孩子的角度，以儿童的视角来面对这件事，以尊重儿童的态度来处理这件事。教育者最主要的功课就是尽可能地阅读每个孩子的心理世界，尽己所能地理解儿童世界的意义。从事教育教学工作，如果不从孩子的生活感受、生命体验出发，教师就容易误入歧途、知迷不返。

在一次教学研讨活动中，郑老师上了一节综合实践活动课，课题为《走进海鲜王国》。课中，各个小组汇报交流在活动中有何进展、遇到什么问题及如何解决等。其中，调查海鲜种类组的说："上街去调查时，那些卖海鲜产品的叔叔、阿姨们都不搭理我们，他们都说'小孩子不要来捣乱'！我们到超市去记录，超市的管理人员说：'这么热闹，你们不要去添乱。'不让我们进去……我们觉得无计可施……还好，到了最后，我们小组的成员一起商量，班上林晶同学的阿姨也在街上卖海产，请林晶晚上带我们到她阿姨家去调查……"老师问道："你们小组经过采访有什么收获？"一个小男孩感叹说："还是有熟人好办事啊！"听课的老师哗然大笑。孩子们感到莫名其妙，也跟着笑了一下。在研讨活动中，一位教师指出这一事件，又重复了一下男孩子说的"还是有熟人好办事啊"这句话，听课的老师又是一阵哄笑。

大家的笑声中有什么含义，不言自明。正如评议的老师指出的，孩子小小年纪竟然如此成熟，如此世故圆滑，如此"懂事"，叫人忧心忡忡啊！这是社会中庸俗的、恶俗的流毒在污染着纯洁、天真、无邪的童心。一听这句话，我们心中自然升腾而起的是什么呢？就是请托送礼、托人情、拉关系、走后门……因此，评议的教师认为，在此时此刻，上课的教师要对学生作适当的价值引导，否则，学生就会误入歧途，说得严重一点，可能会在学生的心里留下驱之不散的阴影。这是社会上的流毒对课堂生活和孩子心灵的一种无形的污染。孩子小小年纪就遭受这样世俗的教育，他们就会过早地被成人社会异化，失去童真和童趣，甚至失去了对社会与未来的美好期待。

首先，我对这位教师的观点非常赞同，教育者要极力保护与营创孩子心中纯净的梦想。课堂是精神生活的清洁水源，是生命舒展之际的神圣起点。如果水源与起点受到污染，那么，就是教育的失败。

其次，我在思索，孩子的“还是有熟人好办事啊”这么一句话是不是蕴含着如上的诸多含义呢？是不是孩子说者无意，而教师是听者有心？是不是听课与议课的教师对这句话过于敏感？从四年级学生的角度来分析，这句话也许仅是他们这段时间在综合实践学习活动中的一种生活体验和感悟。他们在采访与调查屡遭挫折后明白的生活道理：熟人好办事，我们一定要开放自己、走向生活、广交朋友。这是引导他们正确认识社交与人际交往的积极意义与作用的良好契机。因为，孩子们在会认知的同时，也要学会做事、学会共处、学会共同生活。如果我们从成人化的视角来看待孩子们的“经验之谈”，对此大惊小怪，然后教育孩子要做“正直的、光明正大的人”，不能“投机取巧”“走歪门邪道”，那么，孩子们是不是会感到教师离题万里、莫明其妙？

听过这样一节课。一位教师上的是北师大版的《妈妈，不要送伞来》（二年级上册），这是一首浅显有趣的儿童诗：“不要送伞来/妈妈/我喜欢在小雨中/慢悠悠地走回家/我喜欢细细的雨丝/对我悄悄说话/不要送伞来/妈妈/我喜欢头上顶着/外衣裹住的书包变成大雨里机灵的小鹿/在五彩的伞群中奔跑/妈妈/我懂得你的爱/但我不是小糖人/雨点不会把我淋坏/我像街边的小树/风雨中更加勇敢、欢快。”

读了这首儿童诗，我的心仿佛被童年的雨淋湿了。一种久违的近乎野性的欢乐，在记忆的闸门中活蹦乱跳。赤着的小脚丫如敲击的鼓点在一摊摊小水洼中溅起调皮的水花，留下一个个浅浅的小涡；采一扇芭蕉叶轻轻地举在头上，任水珠沿着叶脉淌到眉梢嘴角，然后如被挠痒痒般地爆出笑声，几个小伙伴都笑得浑身发抖；笑声惊醒了我被尘埃与生活掩埋的神经，以至于在课堂上，我看着这几个活泼的文字还情不自禁地微笑不止。采一朵芋头叶将它倒立金钟，将小脑袋柔柔地藏在它的腋窝里，有一种鸟儿归巢的感觉……

老师提出了这样一个问题："读了这首诗你想到了什么？"孩子们七嘴八舌地说："想打水仗。""想数雨点。""想让细雨淋湿全身。""真是舒服极了！"……老师耐着性子、皱着眉听着，也许，有我们在听课，她也不好就横插一脚，因为新课程强调老师要认真倾听，要顺学而导，如果不让学生们说，就会显出自己还是墨守"一言堂"的老教法。所以她抱定了暂且听之任之的态度，似听非听、心不在焉的。课堂上孩子们正眉飞色舞地交流着自己在雨中怎样游玩逗乐的感受。终于，她觉得不能如此"浪费时间了"，便再次提示："大家再想想，要想出一些有意义的事来！"我们听了有点莫明其妙，学生们也是稀里糊涂的。她发觉自己的敲山震虎这一招震得学生们昏头昏脑、不辨东西，就继续"引导"："这首诗与昨天学过的《小狮子》这一课属于同一组课文，它们的主题都是自立。现在大家想想，我们应该怎样呢？"一些学生总算恍然大悟了，又是一阵汇报声："自己叠被子。""自己洗袜子。""自己擦桌子。""自己洗碗筷。""自己收拾书包。"……老师面有喜色，看来是孺子可教，稍加点拨，学生们就心领神会。不偏不倚地完成了"情感、态度、价值观"的教育，老师才觉得心安理得，还念念不忘地表扬一句："大家真聪明，我们从现在起就要学会自立自强，自己能做的事自己做！"她用笑脸向全班学生表示课堂圆满结束。

其实想想，雨中漫步，多么浪漫的情怀，多么有生活的情趣！但是因为与"主题思想"无关，就不能让孩子们想入非非了；雨丝的悄悄话，听得让人陶醉！但是"无关宏旨"就要被修枝减叶。童年的影子如此清晰，欢乐的体验是如此触手可及，但是，不能"旁逸斜出，节外生枝"，只好来个敷衍了事。袁振国先生在考察众多的课堂后深有感触地提出，我们的许多教学是"去问题"式的教学！而在我看来，我们的许多语文课堂是"去情趣式的"，什么理趣、妙趣、乐趣、风趣、童趣，在课堂中都是"自讨没趣"！

在课堂中，学生们时时迸发的童真、童趣、童心让我们为之喝彩并沉醉不已。只要能够用心细腻地感知与聆听，我们就拥有了一个丰富生动的世界。曾经听过黄丽英老师上《七颗钻石》（第六册）一课，其中老师引导学生展示自己为母亲节准备的礼物。在回报母爱活动中，有个孩子画了一幅画作为妈妈的生日礼物，妈妈依偎在她的怀里，她给妈妈讲故事，读儿歌给妈妈听，并且还送给妈妈一束康乃馨。老师大加称赞：“你真乖，真孝顺！”由此可见孩子的想象力。按常理是她躺在妈妈的怀里，可这位学生居然出人意料地转身一变，让妈妈在她怀里享受原本是妈妈给儿女的乐趣！曾听陈蜜老师上的《葡萄沟》（第四册）一课，有位学生说了这么一句话：“葡萄架上的一粒粒葡萄就像一个个穿着绿衣裳的小孩子在荡秋千。”我为之绝倒！

诸如此类让我们成人不可理喻的奇思妙想可谓是数不胜数，有时进入课堂便如同徜徉在童话的世界里。孩子们的心晶莹剔透，往往能够照出俗世的卑琐与无味。正是孩子引领我们重新学习那些“被遗忘了的价值”，这些价值是人类永恒的归宿——爱的真谛与纯净的心灵。是一个个天真无邪的孩子让我们以最初的心在茫茫尘世中找回黎明般新鲜的感觉。我常常在星辉般的明眸里，眺望着无限的未来。心头涌起王小波的一句话：“我时常回到童年，用一片童心来思考问题，很多繁难的问题就变得易解。”也许，教师拥有童心，教育教学的许多问题也会变得易解。无怪乎，陶行知倡言“教师要变成小孩子”。

成人的“自作聪明”往往是“聪明反被聪明误”。我们成人常常是先入为主，用自己的生活世界与内心活动观照孩子的生活世界与内心活动，把自己的生活世界和内心活动与孩子的生活世界与内心活动等量齐观。结果，一切变得不可思议。周彬博士在《叩问课堂》中谈到一个观点，很是发人深省。他认为，要有效地帮助学生学习，前提是教师必须对学生的学习有充分与透彻的了解，问题在于教师对学习越来越陌生，而不在于对教学不够熟悉。因为远离了学习的教学，总有华而不实的感觉。以教师的观点、观念、思考、感情简单地看待与取代学生的观点、观念、思考、感情的教学，离学生越来越远，离学习越来越远，离真正的教育越来越远……

从学生的角度思考课堂、思考教育，就是真正地以学生为主体。教师就会在纷繁复杂的课堂现象中分清本末和主次，通过智性的坚持教育教学的正确方向。

余文森教授讲述了一则教学案例让我们受益匪浅：北京大兴的一位教师在城区里为孩子们上《尊严》（人教版小学语文第八册）一课，学完这篇课文后，孩子众口一词地称："是的，做人就要像哈默那样，人生活着要有尊严。"后来，同样的一节课，她给民工子女学校的孩子上课。民工的孩子们学了以后，感触最为深刻的就是，人一生当中如果能遇到像杰克逊那样的人是多么幸运的一件事。人生最重要的是要遇到"重要的他人"，也就是我们常说的要有贵人相助。余教授说，城区的孩子与民工子弟学校的孩子的体验都是真实的。如果教师没有从民工子弟学校的孩子的生活背景、生活体验入手，对民工子弟学校的学生的家庭生活缺少感知，那么，教师就可能轻易地否决民工子弟学校的孩子的真实想法，甚而，一味地去灌输"做人就要像那个人一样，生活要有尊严"的观念。无可否认，这种观念是作为一个真正的人的基本意识。但是，不顾小学生各自的生存状态与心理感受的"外在的说教"，是很难在孩子的心底生根发芽的。

善于观察课堂的教师，就是善于体谅孩子，善于理解学生课堂生活之外的复杂而广阔的生活世界。教师在心灵深处要永远与学生同在。许多优秀的教师在回顾自己的教育教学生活时都有一种强烈的情感体验：进入课堂（不管是上课还是观课）就是和学生"共同生活"，共度快乐时光。这是与孩子心连心的真切感受。教师要读懂学生的喜怒哀乐并与他们感同身受。唯有如此，教师才不会把"自以为是"的理解一厢情愿地粘贴在学生身上，才不会对学生作浮泛的、不切实际的揣测。有智慧的观察者从来都是心灵的"参与者"，在内在的视域中，他们从来不会隔岸观火或袖手旁观。

在课堂教学中，我们往往会遭遇到学生对课的认识与上课教师对课的认识不一致的现象。同样，在课堂评议中也会遭遇到学生的感受与上课教师、听课教师的感受不一致的现象。面对这两种情况，李镇西老师选择站在学生这一边。课堂观察的首条金科玉律就是理解学生的处境，倾听学生的观点，尊重学生的感受。作为教师，应时刻保持与学生心心相印的感觉，一方面要学习过“孩子”的生活，另一方面要经常让学生来参与评议课堂，对学生进行调查访谈，以了解孩子对课堂的真实想法。

教师只有站在与孩子同一高度上来观察课堂生活，才能深刻而细腻地感受课堂、体验课堂、理解课堂。

三、教师的感受

进入课堂就是开始一种内心的旅程。观课不是身在教室，心在别处。观课不能冷眼旁观或隔岸观火，观课者除了用学生的视点来阅读课堂，还应该站在教师的立场上来阅读课堂，理解教师，理解课堂生活。只有与课堂中的师生保持精神的一致性，观课才能真正成为对生命的观照。这种观照，就如德国学者伽达默尔所说的，通过把自己置入他人的处境中，他人的质性，亦即他人的不可消解的个性才被意识到。

1. 观课者要把自己作为学习者

我们要用心辨析下面的一些问题：这节课我听懂了吗？有哪些自己可以掌握？还有哪些自己无法理解？这节课有没有让我感到激动或震撼？有没有让我感到新奇、陶醉？有没有引发我的思考？有没有让我沉浸其中，与孩子们身同感受？

苏霍姆林斯基在《给教师的建议》中写到这样一个案例：年轻的校长在听一位有经验的教师上几何课，他的思想完全给教师的讲解迷住了，以至当教师向学生问“你们谁能回答这个问题”的时候，校长竟举起手说：“我！”这才是真正的教育技巧。

这种观察就是基于观课者自身的感受与体验。如果连观课的教师都感到不耐烦了或昏昏欲睡，那么，这节课的效果是值得怀疑的。如果连观课的教师都感到兴致勃勃，不由自主地参与课堂生活，那么，这样的课堂价值是不言而喻的。如果课上得连听课老师都听不懂，那么，课堂教学效果可想而知。甚至，可以毫不犹豫地说，一节连听课的教师都觉得索然无味的课，是无论如何也无法感染学生心灵的；一节连听课的教师都难以理解的课，是无论如何也无法让学生们心领神会的。

我曾经观摩过一节《走进五彩缤纷的水果世界》综合实践活动课。其中，“水果的营养与药用”研究小组的学生在交流他们的“研究成果”：枇杷，其果实可食部分每100克含蛋白质0.4克、脂肪0.1克、碳水化合物7克、粗纤维0.8克、灰分0.5克、钙22毫克、磷32毫克、铁0.3毫克、丙种维生素3毫克、类胡萝卜素1.33毫克，而钙、磷及胡萝卜素显著高于其他常见水果，并含有人体所必需的8种氨基酸。枇杷不但味道鲜美，营养丰富，而且有很高的保健价值。《本草纲目》记载：“枇杷能润五脏，滋心肺。”……苹果，能生津润肺，健脾开胃。苹果所含的微量元素钾能扩张血管，有利于高血压患者，而锌亦是人体所必需，缺乏时会引致血糖代谢紊乱……香蕉“一身都是宝”，是一种特别有益于健康的水果。它除了可以让人快乐外，还可以预防中风和高血压，因为香蕉富含钾离子，而钾离子可以起到降血压、保护血管的作用……孩子们汇报时，有的拿着一张纸片磕磕绊绊地说，有的连读都读得不顺利……课结束后，我询问了几位听课的教师：“听了这节课，你们知不知道枇杷、苹果、香蕉含有哪些营养元素?”大家都笑着摇摇头说：“有些元素闻所未闻，怎么记得住呢?”确实，上面课堂中的一些新知识对于教师而言都已经是“过于专业”，那么，对于学生来说，他们能理解什么？综合实践活动课程在培养学生收集信息能力的同时，还要培养学生处理信息与整合信息的能力。孩子们在网络上下载了关于“水果的营养与药用”的资料，然后，浮光掠影地读一读，这是不是有助于他们的“研究性学习”？大量的没有经过内化与处理的信息，就可能如汪洋大海般淹没了学生的判断力与智慧。

虽然观课教师与上课学生的感受并非是完全吻合，不能等量齐观，但是两者还是有着高度的对应性。凡是让教师如沐春风的课，绝不至于使学生如坐针毡；凡是让教师感到受益匪浅的课，绝不至于使学生虚度光阴；凡是让教师感到依依不舍的课，绝不至于使学生感到沉闷无聊……观课教师的心理感应与精神生活是学生学习体验的一面镜子，同时，也是一节课堂的有意义的镜照。

2. 观课者要尊重上课教师的生命体验

观察课堂时，观课者要努力与上课教师保持内心的感通。否则，就很难解读课堂的精彩与困境，很难敏感地捕捉到教师内在的隐微世界，很难了悟课堂生活的微妙与韵味。在每一个课堂中，我都会经常询问以下几个问题：在课堂教学生活中，精彩的地方是什么？教师哪些地方值得我们借鉴？教学的困难在于什么？如果是我上课，我应该如何面对与处理？课堂中的差错在哪儿？可以避免的地方是哪些？引发思考的地方有哪些？是什么给我们留下最深刻的印象？……

观课者要有一双识珠的慧眼，要透过课堂细节赏读上课教师的良苦用心。观课者要有一颗见微知著的心，能在幽暗模糊之际发掘上课教师的智慧与创造力。观课者要有一种“探赜索隐，钩深致远”的哲学思维，能从课堂现象中读透上课教师的教育教学理想与理念……观课，观心；观心，知心。

有位老师听了香港的王清凤老师执教的《逃家小兔》一课，细心地记录了下面的一个案例片段。

在教学中，王老师提供了一个句式，让学生进行说话和思维训练。句式：“如果你＿＿＿＿＿＿，我就要＿＿＿＿＿＿＿＿＿。”

生：如果你变成小鱼，我就要变成海里的草捆住你。（生说师板书）

生：如果你是小鸟，我就要变成老鹰，叼着你回家。

生：如果你是小鸟，我就要变成猎人，打死你。

生：如果你是花儿，我就要变成树枝打死你。

师：（立即转过身，打个暂停的手势）拜托，不用暴力，能不能用温柔一点的办法？谁来照顾小花？（适时地点拨，学生心领神会，话锋

一转，句子精彩纷呈）

生：如果你是小花，我就要变成阳光照耀着你，让你感到温暖。

生：如果你是小花，我就要变成土壤养育着你，让你快快成长。

生：如果你是帆船，我就要变成温柔的海风，把你吹回家。

生：如果你是小鸟，我就要变成蓝天，让你自由自在地飞翔……（台下不时爆发出阵阵掌声）

在王老师这个细小的“点拨与引导”中，那位老师读出了王老师的人文情怀与课堂教学的生命意味，也读出了王老师在不经意的点化中显示出的教育教学机智与自然天成的课堂魅力。也许，课堂生活对于孩子成长的意义，对于学生生命的意义，就是在这样的“句式转换”中转出另一种境界来。孩子们对世界、对社会、对人生的理解，也许会因此更健康。而这些都是源自王老师对生活满怀热情的拥抱，她在课堂上不知不觉地将爱的温度传递给每一个明敏的灵魂。

观课如同观书。恰如古田进修学校的陈燕香老师所写的：“用生命去挖掘文本中的一个词、一个句子、一个片段，开掘主语背后的多层内涵，并将自己的感悟与他人的观点融会贯通，然后走进课堂，课堂就会精彩不断。当你品出文字背后的味道时，你便唇齿留香了。”

欣赏他人的精彩是一种内在的美德，而体谅他人的困境更是一种美好的品性。

课堂教学生活如同人生旅途，从来不是一帆风顺的，我们再怎样小心翼翼，也会有触礁与翻船的时候。每一个心怀责任和使命意识的教育者总有如临深渊的焦灼与恐惧。观课者要深刻地体察教师内心的震颤、动荡、挣扎、冲突……适时替他们包扎心灵的伤口，倾听他们心灵所有的悲欢。

曾听过一节数学课“最大公因数”（人教版数学第十册）。教师创设情境让学生寻找求出公因数及最大公因数的方法。接着是巩固练习阶段，教师出示三道题目让学生们找最大公因数——12 和 18、12 和 15、30 和 45，再请三名同学上去板演。一时，全班大多数学生踊跃举手。教师随机点名两位学生上去后，微微一笑说：“最后一道题把机会让给没举手的同学，张新明，你来做!”那位学生一愣，有点迟疑地站起来，带着点羞涩与不安走到黑板前。老师在学生间巡视作业。一会儿，三位同学都做完了。于是，老师就开始交流订正黑板上的作业。前面两道都做得正确又工整。再看第三道题，老师皱着眉问：“同学们，大家说这道题对不对?”大家一看，题目都写错了，把45写成40，异口同声地回答：“错了，是45不是40。”（我细看，原来他是这样做的：30的因数是1、2、3、5、6、10、15、30；40的因数是1、2、4、5、8、10、20、40；它们的公因数是1、2、5、10；它们最大的公因数是10）同学们一阵哄笑，那位学生微低着头。老师不假思索地将他的作业干净利索地擦掉，接着请另一位学生来陈述应该怎么做。老师一边听一边板书着。末了，教师对全班说：“做得全对的举手?”大部分学生都高举着手。教师又对张新明说：“看来做题粗心会给你带来不好的影响啊!”作为一名教师，对学生的这点错误应该怎么处理呢？我们完全可以将错就错，让全班学生一起来检查这道“自创”的题目做得对不对。在巩固练习时，我们重要的是要考察什么呢？考察其答案与结论还是考察其思维与过程呢？结果是显而易见的。这样的分析似乎很合情合理，但我总觉得与教师的心灵世界有相当的隔膜。上课的教师为什么会如此直接地“纠错”呢？其实想想，每一节课的教学任务、教学目标，都在不断地催促着他思考“下一步应该上什么”。而这是我们从事课堂教学实践的主体思想。在这种思想的压迫下，教育目的为教学目标所取代，教学目标为课堂教学任务所取代，课堂教学任务为环节安排所取代了。于是，崇高的教育理想慢慢淡褪与流逝，而完成某个环节的教学任务则变得无比重要了。教学就会出现“小学大遗”、本末倒置的现象。课堂处处充满歧路，教师一不小心就会误入歧途，这是在所难免的。重要的是，我们要明白其背后的心理症结，才有可能真正打开心结，使课堂生活获得真正的改善。当我们与上课教师一起去探寻复杂的心理背景与内心历程时，我们就会多一些宽容、多一些理性、多一些真诚、少一些误解、少一些偏激、少一些虚骄。

站在教师的立场上来观察课堂，意味着我们不再自以为是和主观臆断，不再漠不关心地袖手旁观，意味着我们与教师心灵相通，意味着心灵与心灵的相互理解与包容，也意味着课堂教学在心灵的守望中意蕴丰赡、意趣无穷。

四、研究者的眼光

有位老师上了一节安徒生《海的女儿》的阅读交流课，在最后一个环节，她请孩子们写下关于《海的女儿》的阅读感受。喜欢音乐的她还放了一曲轻柔的音乐作背景。孩子们与教师似乎都沉浸于这种舒适的世界里。在课堂教学评议的时候，有位观课者称，学生的思考需要绝对安静的环境，播放音乐可能会打断学生的思路，打扰学生的思考。另一位观课者认为，轻柔的音乐有助于孩子们进入放松的状态，而且心情舒展和愉悦，只有心灵放松，才更有利于思考。大家都根据自己的学习体验与生活感受，围绕"音乐是帮助还是干扰思考和学习"争得不可开交。

这些实际上是站在教师的立场看问题，根据自己的体验来观察与评议课堂教学。似乎是公说公有理、婆说婆有理，那么，到底有没有道理呢？这就需要进行理性的思考与研究。对于教育教学专业而言，是需要"用专业的眼光来做专业的事"。我们要用研究者的目光来透视课堂，为课堂铺垫更多的理性色彩，为教学奠定更深厚的理论基础，全凭着感悟式、直觉式的观课与品析，有时是难以分清是非曲直的。苏联著名的教育家阿莫纳什维利在《在教师休息室里的思考》记录了一件事：年级女教师姆济娅·奇科尼娅进行了一项实验，即在数学课和语文课上做书面作业时，征得孩子们的同意后，放令人轻松愉快的音乐，把音量调得很低很低。她肯定地说，在音乐的伴奏下，每个学生都能比没有音乐伴奏多做1～2道习题。教师们表示怀疑，他们认为，也许这根本不是音乐伴奏的结果，而是习题较容易，或孩子们的情绪较好，等等。但姆济娅·奇科尼娅坚信，在她的实验中，决定性的因素是音乐——乐观愉快的乐曲，但不是爵士乐、舞台乐，而是经典的音乐。她说，往往她刚一布置独立作业，孩子们自己就会主动请求放音乐，因为孩子们觉得音乐并不妨碍他们，而是有助于他们完成作业。

《国际教育新理念》一书中谈到，保加利亚著名的心理医生、教育家洛扎诺夫的做法及分析可以给我们提供一些很重要的启示。洛扎诺夫提倡暗示教学法，即在上课时常常伴以音乐或悦耳的鸟鸣声。洛扎诺夫举办的英语学习班，之所以在一个月内能够使学生进行流利的日常会话，掌握2000个左右的单词，其根本原因就是充分重视音乐的作用。一方面，在音乐的伴随下学习课文，大脑就会产生两个兴奋中心：学习为强的兴奋中心，音乐感知为弱的兴奋中心。强的兴奋中心集中稳定，弱的兴奋中心则向外扩散，这样就加强了强的兴奋中心，从而能提高学习效果。另一方面，学生在听音乐时，身心处于放松状态，自由联想随之产生，观念与观念之间的联结越来越多，灵感也就会随之出现。研究者的眼光就是努力从直接感受的方式中超越而出，进行深思熟虑的考量。

1. 用更为开阔的理论视野来观照课堂

在教育教学活动中，我们常常会遭遇到重重困难，面临许多问题，如果在一些重要问题上悬而不决、纠缠不清，教育教学工作就会举步维艰。尤其是一些似是而非、似非而是的矛盾与困惑，让教师更是左右为难、不知所措。这时研究者就要将目光投射于课堂教学生活的“难点”之上，从混乱中看到本质，从现象中推求真理。

我曾听过这样一节课，有位教师从《葡萄沟》这篇课文“夸葡萄”引申而来，让学生夸夸家乡的一种水果。教师加以提示，让孩子从色、香、味、形、感各个方面加以介绍并写下来。接着进行全班交流活动。王其正同学很得意地大声朗读自己的作品：“我要夸夸家乡的香蕉。香蕉像一只小船，只要坐上它，就感觉像是在天上旅游一样!”有位男孩子说：“哇，香蕉怎么能坐?”老师没听到，问全班学生王其正同学介绍得好不好。孩子们说："好！"老师引导说："我们可以来说一说他的不足之处。"另一个男生说："老师，香蕉是不能坐的！"老师愣了很久，后来勉为其难地说："对，香蕉是不能坐的！"然后一笔带过。王其正小朋友从原先的兴奋转为了沮丧。

课后，许多老师针对这一细节争论不休，基本上可分为"求实派"和"鼓励派"。"求实派"认为，香蕉怎么能坐呢？这岂不违反常识？"鼓励派"则认为，孩子能运用学过的课文片段说了，已经是很了不起了，怎能吹毛求疵？双方各持己见、僵持不下。

这里，对孩子写作状态的评判成了教师教学的困难所在。后来，我根据一些文学及教育学理论进行了分析。我认为，"香蕉像一只小船，只要坐上它，就感觉像是在天上旅游一样"这句话关联到科学价值与审美价值的矛盾。从现实的角度来看，坐在香蕉上，这是很不可思议的、很荒唐的事。从美的角度来看则是不一样的，因为这句话讲出了香蕉的外形，同时也表达了对香蕉的感情，还是能看出一些童心、童趣来。另外，如果从呵护学生的写作信心来看，我们也不能轻易地否定学生的努力，所以，我们对说这种话的学生要善于表扬，鼓励学生初写文章的热情与表达的欲望。童心因鼓励而更富灵性、更加澄明；童心因欣赏而更富光泽、更有创意。孩子的表达只有在教师不断的激励中才会变得精致、美妙。

对于课堂教学的判断，不能仅凭一时的感受，也不能靠主观臆测或个人经验，而必须以开阔的理论视野来观照课堂教学中的问题。只有这样，才能在驳难纷起、歧义丛生中澄清认识，指导教育教学实践。研究者进入课堂，不能囿于个人之见冥迷不识，而是要以"更上一层楼"的目光眺望教育教学世界，从而达到解疑释惑、剔弊理纷的目的。唯有拥有开阔的理论视野，研究者才具有入木三分的深刻与独具一格的慧眼，也才能读出课堂的"弦外之音，象外之旨"。

2. 用系统化的眼光来审视课堂

许多时候，一些教师对课堂的理解可能是零零散散的。有时，一些教师偶尔也读出了课堂的“不和谐之音”，然而也是一掠而过、浅尝辄止，从来没想过要探源溯流、寻根究底。观察课堂，漫不经心地作壁上观，我们对课堂中发生的一切就可能熟视无睹、知之甚少、摸捉不透。要真正探得课堂生活的真味，就要用系统化的眼光来审视课堂中所发生的一切。能在纷纭杂乱的“多”中看到一以贯之的“一”是一种智慧；同样，从简单平淡的“一”中看到丰富多彩的“多”也是一种智慧。用系统化的眼光来审视事物，就是善于由博返约、以约驭博、以一知十。

苏霍姆林斯基在观察课堂时发现了学生们用词贫乏、语言枯燥的问题。于是，他开始了认真的记录，集中一段时间来记录学生们在课堂中的语言，分析他们的表达方式。他非常敏感地洞察到语言对于学生思维能力、精神生活的作用。在他看来，语言的贫乏就意味着生命的枯萎、精神生活的荒芜、灵魂的干瘪。他不断地询问这一现象背后的原因。原来其根源在于：教师的教学语言枯燥乏味；家庭生活中成员之间交流时用语粗糙；学生们很少到大自然中去感受，到大世界中去旅行，去和社会交往……甚至，他还发现了家庭的藏书量影响着孩子们的学习成绩，教师的读书质量影响了学生脑力劳动的效率……他提出的策略是师生共读、建立家庭图书室、到思维的源头去旅行等。

如此常见的课堂生活现象，我们可能是司空见惯，或者是见而不思。没想到苏霍姆林斯基先生竟然看到如此多的问题与意义来。普通人观察课堂，只是看到课堂的一些静态现象，也很少对现象背后的理论基础等作深入的剖析。只有用系统、联系的思维来看待课堂，在思考时左勾右联、上下映照、我们才可能看得更高、看得更准、看得更深、看得更远、看得更透、看得更全……

我曾参加某市课改基地校的督查评估工作。在观察课堂时，我发现了一个普遍现象。教师在指导学生订正试卷时说：“请同学们看第五道题——简便运算题，前面几道题都很简单，我就不讲了。我们一起看‘9.9×101－9.9＝?’。好，请一位同学来说，你是怎么做的?”一位女生发言：“9.9×101－9.9×1。”教师边重复女生的话边在黑板上板书，接着又问：“采用了什么定律？请一位男同学起来回答。”男学生说：“采用乘法结合律。”老师说“很好”，并且板书“＝9.9×（101－1）”，然后再写“＝9.9×100”。又问：“大家想想，做到了这里，你心里是怎么想的?”一个女生说：“等于990。”老师一扬手让她坐下，又问：“再想想，你们看到9.9×100心里是怎么想的?”学生们一时不知所以，老师提示道：“小数点怎样?”终于，一位女生心领神会地说：“我心里想，小数点应该向右移动两位。”最后，老师才放心地写上结果。然后，还提醒大家说：“知道不知道，每一步都要记住了!”

讲解一道简单的简便运算题，教师提出了五个问题，可谓是“食不厌精，脍不厌细”。在普通人眼里，教师循循善诱地引导学生得出答案是一丝不苟。可惜，在整个过程中，学生的思维一直被教师牵引着，教师怎么讲学生就怎么做，教师怎么教学生就怎么学，而不是学生自己去经历、去尝试、去探索、去思考、去解决。

还有的教师越俎代庖，总把自己的思维过程明明白白地袒露于学生的眼前。有位教师在上《太阳》一课时，让全班学生一起交流文章用了哪些说明方法。一位女生说：“一百万个地球才能抵得上一个太阳，这句话是用了打比方。”教师一听，脸上稍有不快，她不假思索地“引导”道：“这里用地球与太阳作比较，是用什么说明方法呢?”不等学生们反应过来，她又自问自答：“就是作比较的说明方法。”这样一来，学生们就不必劳神费心地“学会”了。这看似简单快捷、直截了当，然而，久而久之，学生们可能因此失却了生命中最宝贵的思考能力。

布鲁纳认为，学习的最好状态就是思维，而思维的核心要素是思维方式。这种教学的致命缺陷就在于学生丧失了主动思考的动力与能力。德国著名的教育家第斯多惠提出，没有激发，便没有发展，天资也就停滞不前，教育就是激发，教育理论就是激发理论，一切教育和培养的艺术都是一门激发艺术。教师的一个重要职责就是启发学生的思想，让孩子学会独立学习、独立思考、独立判断。

我们也要思考，面对具体的教学情境，我们应该如何调整和改善教师的教育教学行为。但更加重要的是，我们要超越单纯的现象世界与实践操作层面，分析课堂中教师越俎代庖的现象，并深入剖析这种现象的弊害所在，从而提出积极的对策。我们要从多个维度来研究，从教学的有效性来探讨：这样的教学有效吗？有效教学的标准有哪些？现实课堂教学的无效表现在哪些方面？有效教学的策略有哪些？

对教育教学的研究不能仅仅拘泥于个别案例、个别事实上，不能仅仅局限于对某个课堂教学细节的分析与调整，而是要由事而理、由近及远、由小见大、由具象到抽象、从微观到宏观，这样才不会一知半解，才能获得真正的“真理性”的深刻认识。

面对每天的课堂生活，教师要努力从研究者的角度来思考、来探索，从而达到第斯多惠所说的“教学变成教师的生活和食粮”的境界。

课堂观察的方法

课堂观察犹如中医看病一样，要有一定的方法，要对课堂进行“望、闻、问、切”。只有把住了课堂的“脉”，才能针对课堂的病症，实施有针对性的矫正策略，才能保证课堂健康发展。

一、课堂观察：望、闻、问、切

传统意义上的“听课”，比较侧重于“听”，也就是对教师与学生之间的言语信息关注得相当多，而对其他的信息可能是视而不见、忽略不计。一节课下来，不少教师的听课记录本上就是一些杂乱繁多的师生问答。而教师在那时那境的生命姿态与思想动态已是渺不可追了，哪个学生的学习状态及思维发展变化过程更是“只是当时已惘然”。听课教师的课堂生活所得不过是一时半刻的简单的、零碎的、表面的印象，而且这种印象是不甚了了。在这种情况下，要分析课堂教学的内在意蕴，要探求有效教学的真正规律，确实是勉为其难。其实，课堂教学如同一个有生命的肌体，它也有“骨、血、肉”，有“精、气、神”。课堂教学是否健康且富有活力？如何对课堂进行观察与诊断呢？在实际的课堂观察与诊断中，我们要像中医一样进行“望、闻、问、切”。“四诊”超越了单一的“听”觉器官，它强调眼耳、口、鼻、身、意等综合器官的整体感知觉。只有通过全面系统、细致入微的观察与分析，才能洞悉课堂生活的全貌，也才能对其作恰如其分的评判，并提出切中肯綮的建议。

1. 望

望就是观察上课时教师与学生的动作、表情、状态及其变化过程，尤其重要的是在课堂中要观察学生的活动情况、思考状况、独立作业的情况、合作的情况等，尽可能地把课堂上发生的事件与表情尽收眼底。

如观察教师的表情变化：是自始至终一个表情还是表情生动丰富？表情是僵硬冷淡还是面带笑容？表情有没有随着学生的学习进展而发生相应的变化？有没有随着文本情境的变化而发生相应的变化？……而观察学生则有更为丰富的内容与维度：学生的哭、笑、沉默、害羞、难受……他们在什么时候欢呼雀跃？在什么时候无声无息？在什么时候急不可耐？在什么时候端坐不动？……

在课堂观察时，我时常喜欢在学生做作业时观察每位学生的作业。比如，学生是不是做错了？学生是不是改写过来了？学生的字写得怎样？学生的写字姿势正确不正确？

于永正老师在《我的坚持与忧虑》中写道：前不久，著名特级教师贾志敏在青岛上课。他听完了两位同学的朗读后，对第一位同学说："你上学期期末考试语文考了 95 分，可能还多一点。"该生点头说："对，考了 96 分。"然后，对第二位同学说："你大概考了 85 分。"该生大吃一惊，说："您怎么知道的？"贾老师开玩笑地说："我会算。"其实，贾老师是根据他们的语感推测的。朗读好，证明语感好；语感好的人，语文成绩一定好。培养语感的最好方法是朗读，所以张田若先生说："评价一节课成败与否的第一个标准是看全班同学是否熟读了课文。"贾志敏老师就是在课堂中善于倾听，听出了学生们的独特语感。

我曾观摩过陈惠珊老师在课堂上让学生们诵读并仿写儿童诗歌的场景。她上课之前在"每日一诵"的角落里抄上一些有着童真童趣的诗歌，如《秋天的信》："秋天，要给大家写信/用叶子做信纸/请风当邮递员/偷懒的邮递员/每到一个地方/就把信一抛/有的信落在松树头上/有的信掉在青蛙身旁/赶路的雁也衔了一页回家/池塘里，草丛里/到处都有秋天的信/收到秋天的信/动物们急忙准备过冬。"

引导学生们进行品读、朗诵之后，她让学生开始发挥想象力来写作童诗。我在课堂观察的时候，到各个小朋友的课桌前去观看、品读。班上的陈思如写道："夜深了/天空中有无数的小眼睛/哟，原来是调皮的小星星/我看着天上的它/它望着地上的我/我们就这样对视着/都笑了……"陈宇航也写道："我想钻进蚂蚁的家里/听高贵的蚁后讲述动听的故事/我想飞进蜜蜂的巢里/分享采蜜归来的快乐/我想跳进青蛙的洞穴/聆听优美的乐章/哦，这些不是童话/而是存在我大脑里/那五彩斑斓的梦想……”

是啊，这些在孩子的世界里又怎么会是童话呢？我们还有什么理由不去保护这一个个美丽的梦想呢？如果教师没有这种“观察”的意识与能力，我们怎么能领略到儿童世界的精彩？怎么能发现儿童的创造性与仿写能力的发展？怎么能理解儿童的写作敏感力？在课堂观察时一定要观察学生创作的过程，观察学生的所有“作品”，因为“作品”是学生思维过程的真实写照。

2. 闻

不少教师置身课堂现场，然而却是充耳不闻，他们听到的不过是一些喧闹、杂乱的且毫无意义的声音，这样的声音在他们心中激不起任何的涟漪与波澜。他们听到的只是教师一连串熟悉得不能再熟悉的指令，此外，就产生不了任何教育学意义上的思考；听到的不过是学生千方百计地迎合教师的答案去回答，之外，也没有丝毫的感触——这是一种倾听的疲劳与心灵的失聪。倾听就是舒展全身心的所有器官与毛孔来吸纳来自四面八方的信息与营养……心不设防，思无挂碍。在激越与喧嚣之间，我们开始回归一种内在的沉静：向往心灵的平静与生命的宁静。倾听，回归到自己的心湖之中，所有的信息、声音、智慧与表达，经由心灵的漂洗与沉积，同时也经由自己内生的思维结构的组织加工与调理之后，生成一种新的思想及敏感力。

有位老师在上《我们成功了》一课时，指导学生朗读课文的有关语句。读到“人们挥舞着国旗……祖国万岁”时，老师指名一个男生读，该生读得声情并茂。老师说：“好，谁能读得超过他，把他压下去。”又一个学生来读，读得声音更响亮了。老师说：“不错，谁能读得更好？”另一个女生使劲地读了起来。接着全班同学读。然后，再来了个男女赛读！气氛非常热烈。只听一位女生说：“不要再读了，我们的喉咙都读沙哑了！”另一个男生捂住耳朵，在后排嚷嚷："吵得耳朵都聋了。"……老师依然是听不见，还是极力鼓励学生们用更响亮的声音读……这种状态会产生怎样的一种结果呢？

苏霍姆林斯基在《给教师的一百条建议》中提出，教室总有人小声讲话和做小动作，教师为了"压倒"学生的嗡嗡声，就提高嗓门讲课，而这样一来又引起了更大的兴奋，这种兴奋可能使学生一连几节课安不下心来，于是也就根本谈不上进行正常的脑力劳动了，毫无疑问，使用愚蠢的手段去激发学生的兴趣，在这样精细的事情上表现出教育的无知，这些正是使少年变成"难教的群民"的原因之一。

作为上课老师和观察者，如果没有从这些"众声合唱"中听出一些潜藏其间的微弱然而却是不容忽略的声音，那么，我们就很难真正理解课堂教学的真谛及心灵的意义所在。

3. 问

课堂生活充满了许多不确定性，也就意味着它具有多义性与开放性。在这种多义性中，如果我们不虚怀若谷，不虚心地问，就可能会站在自己的立场上作一厢情愿的理解，作自以为是的猜测与推断，并对学生心灵的丰富性、教师教育教学工作的创造性失去真正的理解与体察之心。如果我们确信课堂生活具有生动性与无限的可能性，就不会草率地凭自己一时半刻的感觉来下论断。

苏联诗人费奥多罗夫在《童年的发现》中回忆他自己上课发笑的情景，对我们更好地理解学生及课堂教学有着很大的启迪意义。他写道：我已经上了六年级。老师开始给我们上生物课。有一次上课，年轻的女教师一本正经，板着面孔讲达尔文，讲人的起源，讲人的发育和进化。这时候，我清清楚楚地听见老师说，按照达尔文的观点，母腹中的胎儿再现了人的历史发展的每个阶段。当时教室里安静得出奇，大家都默不作声。可是我忽然想起了自己的发现，就情不自禁地笑出了声音。老师狠狠地瞪了我一眼，目光中甚至流露出几分厌恶。"费奥多罗夫……你笑什么？再笑就从教室里出去!”“奥尔加·伊万诺夫娜，我……我想起了自己的发现……”教室里一阵笑声。奥尔加·伊万诺夫娜气得脸色苍白，大步朝我走来。“费奥多罗夫……你立刻从教室里出去……”我的脸由于困窘和羞愧一下子涨得通红。只有这时候我才意识到，老师误解了我的笑声，以为我的笑不怀好意。幸亏她没有容我解释，不然的话，同学们听见我说自己三年前就发现了达尔文的进化论，他们还不笑塌了房顶！不过，被轰出教室，站在外面，我倒想出了一条自我安慰的理由，我明白了——世界上所有重大的发明与发现，总是伴随着驱逐和迫害。

这就是教师常常无法看透与理解的课堂现实。我们需要通过问的方式才能探测到学生真实的内心世界，才能真正理解学生表情的真实含义。

吴非在《致青年教师》一书中写道：“前些时候，找学生谈话，了解近期语文复习情况。我对一位学生说：‘一个学期以来，你的语文学习好像没什么起色。’学生回答：‘老师，您可能不了解我。上高中以来，我对语文的感觉和以前大不一样了。读了这些书，听了您的课，我看世界的眼光变了：走在街市，我会注意别人了；我开始发现生活的美好了；我觉得心里变得明亮了……’”他说话的神情十分认真，让吴非激动了多日。许多时候，学生的自我感觉是非常关键的。即便我们很了解学生，他们身上总有些我们无法认识到的地方，而学生自己最清楚自己进步了没有以及在哪些方面有进步、进步到什么程度。教师及观察者只有通过询问，才能深刻地领悟到学生的精神成长与生命成长的足迹。这些东西是外在的标准无法衡量的，也是显性的目标无法测量的，甚至是无法直观观察的东西，但它们往往是教育教学中的“珍宝”。通过问心、问道，感受课堂生活中“不可言说，不可检测”的精神与心灵的价值是课堂观察中最有价值的。

4. 切

在课堂观察时，不能就课堂看课堂，就现象看现象，而要透过现象来观察课堂并不断地分析课堂问题，从课堂现象中寻找问题与症结，在此基础上提出解决问题的方案与策略。

比如，在日常课堂教学中，每一节课教师都要问全班学生：“听不听得懂?”全班学生异口同声地说：“懂!”又问：“会不会做?”全班学生异口同声地回答：“会!”可是真的懂了吗？会了吗？教师根据交上来的作业看，确实也个个都不错。但是一考试，仍然是这也错、那也错。那么，到底问题出在哪里呢？许多老师觉得不可思议。但是，这种问题一闪念而过，很少有人去分析、去调查、去研究、去想一些对策。蔡林森校长则是发现了问题紧追不舍，寻根究底，结果找出了课堂教学改革的有效路径。1982 年，蔡林森校长经过多次听课发现，教师上课满堂灌，有的数学教师从上课一直讲到下课，黑板上写满了字，却连一道例题也讲不完，有时还拖堂，作业压到课外（一般中午完成），学生普遍对答案、抄袭，全班的作业本上几乎找不到一道错题，但是考试后却有一大半不及格。有一次，听课后他进行了调查，把学生刚刚做过的作业考一考，结果发现大半都是错的。困境逼着他提出：一定要当堂完成作业，宁可课上独立完成一道题，也不能课外不独立完成几道题。

有位教师在教学时，先让学生以“小石头”为主题写一段文章，时间是 5 分钟。5 分钟过后，他请学生们推荐三篇文章来交流，其他的学生边听边想这三名同学从哪些方面来写的。第一名学生写道：“我是一颗小石子，浑身乳白，微透些光，形状是千奇百怪，背太突，有点像乌龟……”老师说：“刚才听了，他是从哪些方面来写的?”一个学生说：“石子的形状。”老师说：“哪一句?”学生回答：“有点像小乌龟。”第二名学生交流：“我长得扁扁的，是个五边形，深蓝色中带着土褐色，十分好看，摸起来……”老师说：“从哪几方面来写?”学生说：“形状、颜色、触摸。”第三名学生写道：“石头是一个非常普通的东西，但每块石头都有秘密，它外形粗糙，摸起来不舒服，外形磨损，一摸有小沙粒从手指间掉出来……”老师又追问从哪几方面来写。学生们又回答“色、形、触摸”。老师接着说：“好，老师要对大家进行五大感官——眼、耳、口、鼻、手训练。”接着他对全班学生的作文进行统计，统计的结果是：眼——35；耳——2；口——0；鼻——0；手——33。他算了算，得出一个比率35%。他又让学生们根据观察的情况重新进行写作5分钟，然后进行了另一次统计，结果是：眼——36；耳——28；口——13；鼻——22；手——39。他又算了算，得出比率69%。他认为，从这个数据变化就可以看出学生的感知能力与观察能力在发展，写作水平在提高。这里撇开关于测评的维度是否合理不说，我们可以看到其中的可资借鉴的地方，那就是我们可以根据学生的前后表现对学生的掌握程度进行课堂观察。换一句话来说，观察学生的作业变化，或回答问题的前后变化，就可以判断学生思维过程的发展状况，就可以看看学生在教师的指导下是否获得进步。

二、观课：抽绎课堂生活的故事

常常读到一些精彩的课堂故事，我都会为观课者敏锐的视角与细致的观察而赞叹不已。我的一位有30年教龄的朋友常常抱怨道：“为什么读别人的课堂描述，感觉他们总有那么多意味深长的故事，而我们却很少遇到课堂有故事的呢？或许是，课堂上不是缺少故事，而是我们缺少发现故事的眼睛？”

因为，我们观察课堂时缺乏“寻找故事的意识”，经常习焉不察、察焉不理，于是，故事就成了“此情可待成追忆，只是当时已惘然”。

课堂是由一连串的“故事”构成的。用心者就能在丝密线织、混沌一体的课堂教学生活中抽绎出脉络清楚、条理分明的故事来。它有前因后果，有矛盾冲突……

经验不足的观课者往往是看不出课堂中的故事的，他们“不知其然”，更别说能读懂其中的无穷意味、无限联系，当然就“不知其所以然”。他们所见到的无非是教师提问、学生回答，或学生做作业、教师点评辅导……这些都是一些支离破碎的现象。这些纷乱杂沓的语言与动作，观课者无论如何努力，都无法将前前后后的片段整合成完整的事件。而意义产生于事件，缺乏对事件的提炼与梳理，就可能造成“意义的失落”，就无法真正地进行“有效的观课”。这如同一个读者打开书页，读到的只是一字、一词或段落，然而无法将全文联系起来，自然就不懂文本的真实内容了。

有的观课者因为看不到一波三折的“故事”，所以观课时觉得索然乏味。他们进入课堂就如同置身汪洋大海，一阵茫然，然后就是“宝山空回”，一无所获。

善于观课者就能够在纷繁复杂中一眼洞穿其中交织的故事，可谓“提领一顿，百毛皆顺”。他们能够轻而易举地用一个或几个故事把诸多的教育教学环节、细节不枝不蔓地描述出来。比如，教师的表现及其心态，学生的状态及其心理，气氛与情境的呈现……在教学故事的引领中，我们犹如回到了课堂生活，回到教育现场。

叙说教学故事，重点就在于发现课堂教学生活中的情节。亚里士多德在解释情节时称情节包含着“结”和“解”。“结”就是矛盾纠结，盘根错节；而“解”就是迎刃而解，冲突化解。而情节就是由一系列矛盾构成的，课堂生活是错综复杂的矛盾统一体：导与思，集体与个体，课堂空间与生活外延，学习时间与学习内容，苦学与乐学，抽象与具象，动与静……这类矛盾都不是以生硬抽象的形态出现在课堂中，而是以鲜活的形态出现。它不会孤峰突起，让人一目了然，而是融于课堂生活之中，如果不加注意，它就会悄无声息地转瞬即逝。

可以这么说，没有矛盾就没有故事。在课堂观察中要寻找故事，重要的一点就是要观察课堂生活中的矛盾，如师生或生生之间的情绪冲突、思想冲突、观念冲突、价值冲突……

下面就是我在一次观课中采撷的课堂故事。

一位女教师为一年级的小朋友上体育课。做完热身运动后，女教师开始把全班学生分成四组并引导大家进行传球接力跑比赛。一年级的小朋友一听要比赛，个个兴奋地大嚷大叫，有的小组齐声呐喊："我们必胜、必胜、必胜……"

老师宣布了比赛规则："每组的第一个同学听到哨声后，就抱着红色的篮球跑到30米处的一个圆圈内，把红篮球放在圈内，将圈内的黄篮球抱起来往回跑，把它交给第二个同学，第二个同学又如此这样跑一趟，又交给第三个同学……看哪一组的小朋友跑得快。"孩子们好胜心十足，一个简单的比赛游戏就足以让他们热情如火地投入其中。随着教师一声哨响，一阵加油与大喊声。女生们步子小而碎，男生们则是个个飞一般。第三组与第四组的学生遥遥领先，第一组与第二组在动作方面显然比较慢。

"加油！加油！"第三组、第四组学生喊声越来越响，眼看冠军组就要出炉了。小男孩们个个涨红了脸，憋足了劲，跨步抱球，争先恐后地飞奔而出。两组都只剩下两个人了，第三组的一个男孩子跑得稍快一点，他将球一放，正准备换球时，看到第四组的一个球往场外滚去，就放下抱住的球，也不回身跑，径自替第四组的同学把球捡回原处。观课的老师一阵大笑，对面的第三组的同学急得直跺脚，嚷嚷道："真是笨极了！""别管他们的球！""快往回跑啊！"……结果，这样一耽搁，第三组的最后一个学生比第四组的最后一个学生稍慢一步到达终点。大家一阵欢呼，第四组的学生更是雀跃欢跳。

只是，第三组的学生个个对着那个"替他人捡球的男孩子"大加指责，怨他不应该当叛徒！那个男孩局促不安地站在队伍的边缘。有个大个子的小调皮还挤兑说："去，你是第四组的人，别站这儿！"……他哭丧着脸，不知所措地低着头……而这一切，老师视而不见。她只是按常规集合整队，然后，宣布比赛结果。于是，在队伍中又引起了一阵小小的骚动，那个男孩子又成了众矢之的……一节课下来，这位男孩子手足无措，直到下课了，还有人在喊道："叛徒！叛徒！"

在以上的故事中，矛盾在于小男孩超出常规，在比赛中帮其他小组的同学捡球，以至他们自己小组功败垂成。于是，就出现了“做好事”与“当叛徒”之间的矛盾，也引发了他们小组与他个人之间的矛盾、教师自顾自地进行教学与突然生成的事件之间的矛盾、学生们的冲突与教师的行为之间的矛盾……

我曾经观摩过一位老师上的所谓的“感官训练作文课”，他引导学生分小组用眼、耳、口、鼻、手来充分感知一块石头。在用“口”感知石头的那组，大家望着沾满尘垢的石头一动不敢动。于是，老师就极力鼓励大家尝一尝什么味道，并说了一些科学探究必须有实践精神之类的话，然而，学生毫不动心。这么脏的石头，怎么会出这么恶心的主意？于是，老师显得有点尴尬了，愣在那儿，又嘟囔着：“第一个吃螃蟹的是英雄，第一个吃石头的是开创历史格局的人。”这么一说，学生们一阵大笑。有个调皮的孩子说：“老师，那你为什么自己不吃一下？”老师耸耸肩、摇摇头，无奈之下说：“我来品尝品尝。”学生们各自举起石头，说：“老师，尝我的！”老师东挑西选，这块有点脏，那块显得无法下口，终于选定了一块石头，小心翼翼地用口沾了一下，如蜻蜓点水，然后说：“很好，有点咸……我推测这一块石头是从海水里捞上来的，它历经了风雨……好，现在请同学们自己体验体验、联想联想……”学生们面面相觑，装模作样地拿在鼻子上嗅了嗅，然后把石头捂在手心里，把手掌盖在嘴上，作吃石头状。教室里响起了此起彼伏的声音：“好香！”“好臭！”……老师说：“同学们吃得津津有味，现在一起来交流一下感受……”一个孩子说：“石头有些咸，仿佛盐的味道……”一个孩子说：“我想石头有尿的味道！”他一说，大家笑得东倒西歪。有些孩子作呕吐状，说“恶心”！那个孩子说：“四川地震时，有个孩子靠吃自己的尿而活了下来。有一天，我就尝了一下自己的尿，这个石头就是这个味……”一些孩子说“恶心”，一些孩子大拍桌子说：“太二了（北方方言）！”老师有些尴尬地总结说：“历史上有名的越王勾践尝夫差的大便，后来成就了王业，你将来一定能干大事！”一些学生在下面大笑，也有的伸长舌头做鬼脸……听课的老师在议论：下课叫这些学生去尝小便、大便就能干大事吗？老师最好自己也去尝尝……

当然，这个故事的“结”还未“解”。这时候，就需要大家一起来研索：如果你是那位老师，面对这种情况，你将如何处理？同时，这则故事给你留下怎样的启示？

一节课实际上包含着许多“故事”，但正因为如此，人们常常眼花缭乱、目不暇接，结果倒是收获甚微。其实，在我看来，能够从看似水波不兴的课堂生活中抽绎出情节生动的故事，并嚼味故事背后的意义，那么，我们就可以说，这节课我们不虚此行！

三、观课即观心

观察课堂不但不能走马观花，还需要下马找花，还需要驻马赏花。若是走马观花，即便是一日看尽长安花、阅尽人间春色，到头来仍然是空空如也；下马找花，也可能是乱花渐欲迷人眼，让人不知所措，甚至妍媸不分；驻马赏花，则能够玩之、咏之、嗅之、析之……

公开课、示范课、观摩课、汇报课，一节又一节地上，我们则是一节又一节地观察。然而，在这形形色色的课堂中，我们常常觉得目不暇接、眼花缭乱。也许，我们必须沉思与追问：课堂生活中真正值得我们用心关注的是什么？真正值得我们认真倾听的又是什么？简而言之，观察课堂要观什么、察什么呢？如果不能洞悉这些问题，即使整天忙忙碌碌地进入听课现场，可到头来，我们仍然是徒劳无功。如此观课，既无法博采众长，以提升自身的教育教学素养，也无助于增加经验、启发想象、发扬情志、转移思想，而只能在纷纭杂乱的课堂中迷失方向。观课的本义在于教师之间切磋交流、取长补短、转益多师、精益求精，激发上课教师上课的热情与创作精品课的意识。可是，许多教师听了许多课后都会感叹道：越听越不懂得分析课了，越听越不懂得上课了，越听越怕上课了。这与观察课堂的目的背道而驰了。

课堂是生命与心灵得以开启与舒展的地方。师生在此可以共筑美好的心灵世界，使内在的生命丰富起来。在课堂观察时观心胜于观形。课堂观察就是观师生之心，察教学之神。众多的教育者达成共识：教育是作为一种心灵的事业。只有勘探师生的内心生活，才能真正洞达与了悟课堂教学的精奥与妙谛。进行课堂观课时仅仅察言观色是不够的，我们要透过现象看本质，要善于察其言、辨其志、观其色、明其思。

通过课堂观察，我们努力去辨识、品悟、理解、想象、体验师生的心灵轨迹：师生在交往时，他们的心有没有靠得更近，有没有给彼此更多的温暖与感动？在教学进程中，有没有教然后知困、学然后知不足的"心动"……我们要观其形而明其心。

1. 观教师的心

观察教师时，要观察其教育教学理念、教育教学的精神、课堂理解力与判断力、创造力。重在询求：教师是否具有一颗充满柔情与善意的心？是否有一颗明敏善感、体贴入微的细心？是否具有一颗持久关注、不烦不燥的耐心？是否具有一颗明察曲折、化险为夷、点铁成金的慧心？……在其不知不觉的情况下，描绘其言行，从而挖掘其潜意识与心灵轨迹。我曾听过这样的一节班队课，其主题为"迎国庆，爱祖国"。教师导课时问一位学生："你在国庆节去干什么?"这位学生眉飞色舞地说："我去吃肯德基!"教师问："你为什么去吃肯德基?"学生感到迷惑不解、迟迟疑疑地说："爱吃嘛!"教师紧追不放："那你是在哪一天去吃?"学生有点莫名其妙了，说："你不是刚才说了，国庆节那一天嘛。"教师说："好，欢庆国庆的方式有多种多样，这位同学以吃肯德基来欢庆国庆，而我们今天是这样来庆国庆的——举行'迎国庆，爱祖国'主题队会。"

又如，有位老师上四年级的《触摸春天》一课时，到最后来了这么几句话："孩子们，眼睛对我们来说是非常重要的，这一点，老师有切身的体会。老师眼睛近视了，戴上了眼镜，生活非常不方便，一旦取下眼镜，看起来一片模糊。眼睛是心灵的窗户，我们一定要珍惜与爱护自己的眼睛！”其实，在这个环节中，我们要思考的是：《触摸春天》一课的主旨是什么？即培育学生对生命的敏感与热爱，让学生们真切地感悟到生命的神奇、神秘以及一种浓郁的生命情怀。而上课老师此时只顾及自己的一点感受，只对学生进行“爱护眼睛”的教育。

从以上简短的案例中，我们可以读出教师内隐的“教育观念”：教师虽然有基于学生生活经验进行教学的倾向，但是其教学行为步步牵制着学生，非把学生的思路拉向自我预设的轨道，于是，就出现了这种牵强附会的场景。其实质是漠视学生的主体性，不理解也不尊重学生的生活经验，是“灌输”而不是“对话”的理念导引着他的教育教学行为。当然，我们还可以深入细致地剖析学生的心理感受。诸如此类，透过课堂生活的原生态来探测师生的心理活动。

2. 观学生的心

观察学生的情感状态时应考虑：师生交往的亲和性，是增强了信任与交流，还是削弱了信任与交流？课堂生活中的精神状态是兴致勃勃，还是无精打采？学生的思维过程是畅通无阻，还是凝滞不通？

在一些课堂可以看到这样的场景：教师请学生 A 来读某个段落，接着让其他的孩子来评读。学生 B 高举着手大声嚷嚷：“老师，他读得没感情！”教师对学生 A 不置可否，学生 A 觉得有点羞愧与沮丧地坐下。教师也许对此毫不在意，或者是视而不见，调整方向对着学生 B 鼓劲：“好，那你敢不敢向他挑战，你来读一读！”这个孩子两眼放光，语气坚定地说：“敢！”便开始咿咿呀呀地读起来了。全班一阵哄闹：“吹牛，说大话，他自己也读得没感情！”学生 B 也觉得坐也不是、站也不是，低着头，不敢对着教师和同学们。教师觉得班级里乱得不可收拾，连声说“安静，安静”，仍然无济于事。

这些片段中，我想起了苏霍姆林斯基的一句话：教育有一个诗意的使命，就是让每一个孩子都昂起头来走路！魏书生总结自己几十年的从教经历时语重心长地说，不要难为一个学生！生命化教育更是强调深情眷注每一个生命个体，让每个学生在课堂生活中都体验学习的幸福和生命的尊严。然而，在上述课堂中，一个小小的朗读环节就有学生 A 与 B 心理和自信心受到打击，更有许多同学的哄笑，这些都极有可能导致学生间的矛盾。如果这些取笑别人的学生经常处于这种境地并时常以这样的方式来对待他人的话，他们也会缺乏一颗理解他人、宽容他人、关心他人的心。其实，教师调整的策略很简单，在学生 B 评价学生 A 读得没感情时，教师可以稍稍转换评价角度。比如："A 学生读得很流利，声音响亮。好，现在大家自由读读，等下再请几位同学来试试，看谁读得更好！"《学记》中提出，教师要知其心，然后长其善而救其失。但是，在许多情况下，教师没有把心放在学生身上，没有去感受学生的喜怒哀乐与酸甜苦辣。

当然，在课堂中观察师生之心不是分而治之而是合而并之。在同一个课堂教学生活片段中我们就可以同时探索师生的心路历程。如孔子所言："视其所以，观其所由，察其所安，人焉廋哉？人焉廋哉？"孔夫子的察人之道对我们进行课堂观察有非常大的启发意义。正是通过这样的精神问诊，我们才有可能建构更具情韵、更让人回味与依恋的课堂教学生活。

四、用心观课

观课要具有选择性与目的性，因为课堂中的信息并非巨细无遗都要吸纳。进入课堂，倘若失去选择的意向，观课者就可能在如潮般的课堂信息中无所适从、晕头转向；缺乏了明确的目的性意识，观课者也可能在纷繁复杂的教育教学现象中心迷难识。课堂生活的内涵确实是极其丰富、难以穷尽，但并不意味着无法探其堂奥、窥其真诀。切实可行、行之有效的方法是有的放矢地观察课堂，一点一滴、日积月累，从而达到整体理解与重构课堂生活。

1. 带着“困惑”观课

没有问题的搅动，也就没有研究的冲动，更没有真实的行动。带着自己的困惑、思考、理解进入课堂，固然有先见为主之弊，而且有可能因之而失去意料之外的细节。但是，如果脑与心一片空白进入课堂，那么其观察课堂的收效可能是微乎其微，甚至是空空如也。在教育教学生活中遭遇到种种困难、困惑与困境时，不是凭一己之力就可以获得完满的答案。而如果将之抛诸脑后，我们就会在日常生活的惯性中丧失探究的热情和内在动力，专业成长、职业的幸福都将无从谈起。

不带着思考与困惑走进课堂，就是放弃对自我经验与智慧的提升，无法真正获得自我的完整与内心的统一。一方面，自己的知识无法与课堂相交会；另一方面，自己又在他人的课堂中漫无目的地寻觅。这无异于舍近求远、舍本逐末。一切脱离自身的实际而企求在外寻找都是无法真正形成自己的智慧核心的，就可能造成内在的经验与真实的课堂生活的分裂。所以，我们提倡的做法是有“疑”必录、有“难”必记、有“思”必写，久而久之，众多的问题杂然于胸，心求通而不得，思求解而不能。我们要为诸多的问题寻求更多的资料与真实的课堂教学生活场景。比如，如何有效指导朗读？如何对学生进行价值引导？如何处理预设与生成？如何指导小组合作学习？……这就需要观察他人的课堂，学习他人的课堂，提升自我的课堂生活品质。

我在无意中读到苏霍姆林斯基的关于学生阅读方面的论述。他分析，一个孩子要具备真正的阅读理解能力，在小学阶段（四年制）朗读要不少于 200 小时，默读要不少于 2000 小时。这一下子触动了我的思维网络，我联系起我们现在常见的语文课堂教学状况。默读在我们的课堂中被置于何地？我们为默读留下多少时空？书声琅琅的背后是否有积极的思维，是否便于边读边想呢？学生们是否掌握了阅读方式呢？在一连串问题的驱动之下，我就开始用一段时间对每节语文课中阅读方法指导所占时间比例进行研究，如低、中、高各年级中朗读、默读、略读、浏览、泛读、精读……时间各占多少。结果发现，在日常的语文课堂教学中，朗读是一统天下，其他的阅读方式则是点缀其中，甚至是被忽略。也许正是教师的讲解、朗读挤占了课堂，致使语文教学一直高耗低效甚至无效。发现了课堂问题，我们就可以重新组织与安排教育教学活动，在他人的课堂生活中探求解决自己的课堂教学问题的方法。当然，这并非是照搬照抄他人的课堂经验，而是借他人之镜来鉴照自我的教育教学行为，并提高建构课堂生活的能力。

在一个学校里听课，其中有一位评课老师非常赞同齐读，因为齐读能够提高学生的朗读水平，有的学生不懂得读，可以在齐读中跟读，而且齐读比较有气势，能够调动气氛。在另一个学校听课时，低年级的学生一节课齐读很多次。评课时，学校的老师提出，不能用齐读，因为齐读不利于我们真正了解每一个学生是否会读，有些学生会滥竽充数，久而久之，齐读对学生的学习与思维来说是相当有害的。公说公有理，婆说婆有理。那么，到底什么是真理呢？我们需要调查与观察、检验。学生喜不喜欢齐读？我们应该对各个学段的学生进行问卷调查，不能想当然地说齐读有利于什么或不利干什么。怎样把我们的教育教学研究做得更细致呢？这就需要调查与了解学生、教师，研读相关的研究成果。然后进行梳理：齐读以多少次为宜？什么时候齐读最合适？我个人认为，齐读要与课文中的情境相适应，如果课文语言激昂，就可以用齐读壮其声威、强其气势；如果课文中是表现沉思默想的，则不宜用齐读方式表现出来。

著名的特级教师方仁工先生对课堂内的齐读颇有微词："每个人的语速不同，慢的人要拼命赶速度，快的人要拖时间等读得慢的人，这样的开口读书又有什么意思呢？齐读无非就是整齐划一，方便的是老师，对学生的口语表达训练效果并不大，最佳的方式是让学生浸染其中，各人读出各人的感情来。"潘新和教授认为齐读是无效的。为什么呢？因为朗读的意义就在于引导学生把自己的经验、体验、理解、个性融入文本之中，对文本进行心灵化、生命化、情感化的加工，每个人都有每个人的情感世界与生命姿态，不应该用一种大一统的方式来规范。

2. 带着“课题”观课

观察课堂不能拘泥于一节课，更多的是需要作长远规划。想在一节课之内解决所有的教育教学问题，或想在一节课之内领悟教育教学生活的意旨，那是痴心妄想。教育的理解力与实践智慧从来不是一蹴而就的，它是一种积小得成大悟的过程。但是，如果不加计划、不思方法、不讲策略，就在那儿呆坐傻记，可能也很难探得关于课堂教学的真髓。较有效的课堂观察应该与教育教学课题研究、案例研究紧紧相连。

苏霍姆林斯基在《要让学生掌握学习的工具》中谈到他们是如何从课堂中发现问题并将其提炼成课题，然后进行有效的课堂观察的。他写道：“令人发愁的是，在许多学生身上，阅读没有变成一种半自动化的过程。我们看到，许多儿童在读某一段课文时，把全部的精力都用在阅读过程本身去了：儿童全身紧张，脸上冒汗，生怕把哪一个词读错，他碰到多音节的词就读得结结巴巴，实质上是不能把这些词作为统一的整体来感知。他已经没有剩余的精力去理解所读的东西的含义，他的智慧的全部力量都消耗在阅读过程的本身上去了。可是如果只看这个过程（阅读技巧）本身，那么表面上看来倒是令人满意的。正是这种表面上的‘一切顺利’把小学教师们弄迷惑了。我们把全体教师召集起来讨论学生的阅读能力问题。讨论得很热烈，引起了激烈的争论。物理教师说：‘既然学生还不会阅读，不懂他所读的东西的意思，怎么能够使他把我的物理学好呢？应当把学生的阅读技巧提高到这样的程度，使他没有想到自己是在阅读。只有这样，我们前面所说的工具，才能在他手里运用起来。’……我们到小学各年级去听课，大家发现：在小学的阅读课上，实际上读得很少，而关于阅读、关于所读的东西的谈话倒很多。阅读常常是被各种各样的‘教育性谈话’‘教育性因素’所取代了。低年级教师克服了这种缺点。他们开始研究和计算：儿童在课堂上和家里究竟读了多少东西，以及应当读多少东西，才能完善地掌握这种技能了……我们全体教师已经花了 15 年时间，研究如何使学生在小学里完善地掌握阅读技能，以及如何在中学里再使这项技能得到发展和提高。多年的观察使我们得出下列结论：要使儿童学会有表情地、流利地、有理解地阅读，使他做到在读的时候并没有想到他是在读，那么，他就必须在小学期间朗读 200 小时以上，并且小声地默读 2000 小时以上。教师应当把这项工作在时间上分配好，而校长则应当检查教师是如何指导每一个学生阅读的……”

对于“学生质疑问难能力培养的研究”这一课题，在观察课堂的前期，我们可以针对学生们提问的情况进行聚焦。比如，有多少人提问？提了哪些问题？哪些问题是无效的，哪些是有效的？……对这些问题和采集到的信息进行推敲琢磨，然后有理有据地分析学生提问的主要倾向与特征。据此，我们要与执教者交流沟通，让他们明白优劣得失，从而在后续的教育教学活动中有意识地去“扬长补短”。随后的观察要循序渐进、随机应变，而不是一成不变地重复原先的观察重心与视点。针对学生质疑问难的品质和策略进行观察与研究观察视点不是固定不动的，而是灵活机动的。如果不应时而变，我们就会日益变得狭隘封闭。对课堂的观察与理解，不能一闪而过，而要稳扎稳打，节节深入地审视课堂，以求渐渐抵达教育教学的本质与核心。

3. 带着“思想”观课

浸润课堂日久，我们反倒对师生的生活性状浑然不觉，正所谓见惯不怪、习以为常。没有怀着省察的心态，没有秉持镜照的意识，没有不断研究的精神，我们就会在熟视无睹中日渐迟钝、日渐麻木。“心月开朗，水月无碍。”只有心中怀着“觉醒”的灵丹一粒，才能照彻混沌一片。纵然千头万绪，只要以一总多、以约驭繁，我们每天进入课堂就能左右逢源、触目生辉。带着“思想”观课，才能引发课堂教学生活的思想，才能促使教师产生“有行动的思想与有思想的行动”。

曾听一位老师上《搭石》（四年级上册）第一课时。这位老师设置了不少教师时常设置的一个环节，即在最后问学生：“通过这节课的学习，你们有什么收获?”一个学生说：“通过学习，我知道了家乡景美，但人更美!”老师说：“人美是指什么?”学生说：“心灵美。”老师说：“文中讲的是谦让和敬老。”第二个学生说：“文中用了比喻句，从语句协调有序中我体会到了美。”老师说：“能不能用协调有序来说个句子?”学生说：“阅兵式上，战士们的动作协调有序，这使他们显得非常精神。”第三个学生说：“我收集了一些俗语，比如，早起的鸟儿有虫吃……”老师说：“很好，积累好词好句是一种很好的学习方法。”第四个学生说：“我学习了用抓重点词语来学习课文的方法。”老师说：“通过这节课的学习，大家都学得很好！其他的我们留待下一节课再学。”

这样的环节在许多人看来是理所当然的，至少是常态课堂中常见的结尾方式。那么，这一平常而经典的结课方式，到底意味着什么呢？我们有没有深思细察呢？不少人以为，这里体现了每个人的学习收获。你看，有的是字词句方面的收获，有的是情感体验方面的收获，有的则是方法方面的体会，个个学有所得，可以说是皆大欢喜。但是，对这些进行全面系统的教育学观照，我们就可能发现其不妥之处。教师设置这一环节的原本意义是什么呢？显而易见，是引导学生对所学内容进行反思，以此了解学生有什么收获，主要是起到了反馈的作用。但是，学生们七零八落、支离破碎的回答并没有真正实现预设的“教学目标”或“学习目标”。

课堂上，不能以教学目标会牵制课堂教学的展开为理由，而不作任何计划与调控，结果使课堂教学漫无目标，而要尽力平衡生成与预设之间的关系。目标的达成度应该是一节课是否有效的重要指标之一，也意味着教师要针对预定的目标对未达标的学生进行矫正与重新教学。而事实上，大部分教师都是到此为止，有检查、反馈，但没有进行针对性的“救失补偏”“补缺补漏”。不少教师可能以为，学生们的回答是无法真实反映出他们的学习状况的。那么，我们就要考虑如何来调整最后一个环节，而不是例行公事般地套上一个“光明的尾巴”。这会让学生以为，他们一节课只要学到这一点点就行了。甚至，教师对每个学生的汇报情况都是以一个“好”字作结，这是对学生学习的虚假强化，同时也让学生养成了惰性。那么，结课方式应该是什么呢？教师应该重申教学目标，让学生根据教学目标对照这节课到底学到了什么、还有哪些不会的。这就是引导学生进行反思性学习，并对自己的学习负责，养成主动学习的态度，养成今日事今日毕的习惯。

带着思想观课就意味着教师自身对课堂教学要有自己的理解，而不是浑浑噩噩、昏昏迷迷。要清楚：自己在教育思想方面是认同“先教后学”，还是赞成“先学后教”？是支持“情感与思维训练”，还是倾向于“语言形式训练”，抑或是追求“两者和谐统一”？是倡导分析理解，还是坚持感悟自得，抑或是力求两者融通？……只有经过丰富思想的映照，课堂生活才会显示出多姿多彩的形貌来。

五、自我观察课堂

观察自己的课堂就是自己照镜子，这需要勇气与思考。我的一些讲课视屏传到网络上，可是我迟迟不敢去细读、细品。为什么呢？有位历史学家说，历史不忍细读。而我则是说，自己不忍细读。后来，因为要接受另外的几个讲课任务，我硬着头皮去打开自己的讲课视屏。在这些视屏中，我发现自己很大的一个缺点就是：讲课时面部表情呆滞，肢体显得僵硬，眼神自始至终游移不定。于是，我就开始痛下决心来调整自己的面部表情和肢体语言。经过一段时间的自我训练，再去讲课时，自己觉得比较轻松自然，也很受一些朋友的欣赏。长期以来，我们一直生活在虚幻不真的自我形象中，甚至是自我臆想中。我们很难真正面对自我，与自我进行严肃而深刻的交流。细读自己的课堂，需要拥有一种“自我解剖”的精神，而不是培养一种“自我迷恋”的痴狂。只有真正学会并用心进行自我观察的教师，才可能不断地走向优秀、走向卓越。

通过他人对自己上课的课堂记录来进行自我观察，也是一条途径，但相对而言，他人的记录往往会有一些遗漏，有一些细节他人可能无法捕捉到。而通过自我对课堂教学的观察，便可以有效地培养自我观察、自我调整、自我规划的能力，从而获得真正意义上的自我成长。

1. 培养自我观察能力

人生中最难的、最有意义的主题就在于“认识自己”。只有认识自己的人，才能变得最强大。而认识自己的第一步就是要不断地自我观察，在反观自我中发现自我。老师在课堂教学中也要了解自己、认识自己，只有“知己”，才可能“知人”，才有真正的“知识”，才能进行“创造”。

曾经看到一篇写华应龙老师的采访报道，其中写道：走进著名的华应龙老师的课堂，你会发现一个很奇怪的现象——他的教室后面总是架着一台摄像机。一问才知道，为了课后的反思和研究，华老师要把自己的课录下来。他常常对刚走上讲坛的老师说：“不妨听听自己的课。”看华老师的备课本，好像也没有什么特别之处，但当你看到他的教后记时，便会明白他的课为什么如此精彩。华老师的备课本写满了反思，他的成功之处就在于反思，不断地反思，不断地改进教学，不断地超越自己。

有位新任老师上课时，身体非常严重地前倾，近乎弯腰驼背，而且右肩膀高耸而起，左肩膀低垂而下，但她浑然不觉。当我们提出来时，她很惊讶，很是手足无措。于是，我们建议她在讲的时候对着镜子进行自我观察，这样就可以更清楚地进行自我认识。第二次来试讲时，她说，回去以后，她对着家里的镜子仔细观看了好久，她才感觉到自己的站姿是多么的可笑。于是，她每天在镜前背靠壁直立一个小时。现在，她每次上课都非常关注自己的形体动作是否协调、是否自然恰当。

老子在《道德经》中指出：“知人者智，自知者明；胜人者力，自胜者强。”观察他人的课堂，是借别人的火来煮自己的食物，也可以说是用他人的光来照亮自己。而观察自己的课堂则是不让自己挡住光源，也就是经由一番细致深入的观察与分析，我们才能明确自己课堂教学的个性和风格，才能有“自知之明”，才能不断地发现自我、超越自我、完善自己。

2. 培养自我调整能力

马克思说，人不是一件东西，他是置身于不断发展过程中的生命体，在生命的每一时刻，他都正在成为、却又永远尚未成为他能够成为的那个人。优秀的教师也不是一时半刻就能成长起来的，而是通过无数次的自我观察、自我调整、自我锻打、自我锤炼才慢慢地成长起来的。美好的课堂教学如同一首诗，也是需要教师不断地调整、反复地推敲才可能创生出来。

著名的教研专家李元昌先生当时在学校任课时，为了练好课堂上的功夫，主动邀请校内老师听他的课。他对听课的老师提出一条要求：至少要指出一点教学不足。时间长了，有些老师请也不来，李元昌老师就提出，如果哪位老师听他的课并能指出一点教学不足，晚间放学就请哪位老师喝酒。因而，秀水二中就出现了一句歇后语：听李元昌的课——有酒。后来，有酒也请不来了，他就借来一台录音机，将课堂教学过程录下来，课后，他自己听自己的讲课录音。以后，外地来听课的人有时给他录像，李元昌就要求他们给自己翻制一盘录像带，有时间他就找一个有放像机、电视机的人家看自己的讲课录像，研究自己的教学……就是通过这样的尝试、观察、分析、调整，不断循环、周而复始，李元昌课艺日深、教学日精，并在教育教学研究方面异军突起，取得不同凡响的成绩。

曾经有一个教师在反思式观课后惭愧地说：“我教了 22 年书，自我感觉良好，原以为自己的教学水平当属上乘，今天第一次看到了自己的录像课，简直无地自容，没想到 22 年的教学生涯浪费了学生那么多宝贵的时间，真是汗颜。我将以此为契机，苦练内功，完善自我，改写自我，争取早日能使自己的教学水平有一个大的突破，弥补自己给学生造成的损失。”原来，这位已任教 22 年的老教师，在一堂课中竟然出现了

125个“口头禅”，几乎每一句话后都习惯性地带着一个“啊——”字。如果每个“啊——”字以平均2秒计算，每一堂课将浪费4.2分钟，全班共有50个学生，这位教师每堂课浪费学生宝贵的时间就达到210分钟之多。如果以22年计算的话，那绝对不是一个小数目。于是，他就开始从这些细节入手进行调整，修炼自己的课堂教学语言。

自我常常是自己的一个最大的谜。我们时常说：“旁观者清，当局者迷。”那是因为我们当局者无法也无暇抽身来进行“旁观”，所以才造成这种状况。其实，如果当局者抽身或返身反观自己的教育教学行为，就可能看得更真、更切、更深、更细，并有一种不可思议的“熟悉的震惊”的感觉，而这种感觉是自己“洗心革面、痛改前非”的根本推动力。课堂教学的改进与教师自我素养的提升应该从课堂自我观察与自我调整开始。

3. 培养自我规划能力

联合国教科文组织在《教育——财富蕴藏其中》中指出：“教育的任务是毫无例外地使所有人的创造才能和创造潜力都能结出丰硕的果实，这就要求每个人都有自我负责和实现个人计划的能力。”一切外在的评价，很难真正满足内心深处的需要，更难引发强烈而持久的学习动机。有时，外在的评价往往是隔岸观火或隔靴搔痒，它常常是不着边际、无关痛痒的。自我观察是一种自我认识、自我反思的自知的过程，尤其重要的是，自我观察还是一个自我肯定、自我挑战的过程。只有形成了自我观察能力与习惯的人才是一个有“自知之明”的人，才是一个有自我规划能力的人。自我观察就是引导自己形成强烈的自我意识，不断地重构自我形象，在不断的自我认识中促进自我的改善与发展。

在阅读于漪老师的成长故事时，我为她的自我规划能力叹服不已。于漪老师在其文章中写道：

一天下午，学校请来了一位同志作报告，会议结束，我与学生走出礼堂，边走边谈。我说：“今天报告的内容比较好，谈青年学生如何求知、如何成才，有自己的一些看法……”一名调皮的男同学冲着我说：“好什么啊，他讲了150多个‘这个’，其他的我什么也没听到。”说着就把练习本打开给我看，上面画了计数的一个个“正”字。我愕然了，想不到语病有那么大的危害，把讲述的内容也掩盖了。事后我反躬自省，深感自己的教学语言毛病不少。一是啰唆、重复、不简洁；二是词汇贫乏，说来说去就那么几句大白话，无色彩，无味道；三是有语病。我是江南人，语音不准。脑子转不过来时，我会下意识地说“呶”。思维跟不上，下面的话找不到适当的词，就来个“但是”。其实，根本不要转折，我就乱转折。用清楚明白的语言传授知识、启发思维是教课的基本条件，含含糊糊、闪烁其词、杂乱无章，学生就会如坠入云里雾里，得益甚微。教学用语既要有经过锤炼的活泼的口语，又要有优美严谨的书面语言，有文化含量，学生置身于语言美的环境之中，就会受到熏陶与感染。基于这样的认识，我就在行动上下苦功。我的目的是力求“出口成章，下笔成文”。作为语文教师，在语言文字运用方面，应该成为学生的榜样，不能说是一套，自己行的却不一样。如何规范自己的语言，清除语言中的杂质，提高语言的质量？我是多管齐下：一是训练自己思维的条理化，锻炼“心明”，促进“言明”；二是勤奋阅读，增加知识素养，丰富词汇量；三是用“以死求活”的方法，用比较规范的书面语言改造自己不规范的口头语言。当时年纪轻，有劲儿，追求完美。我把上课的每一句话都定下来，然后修改，把不必要的字、词、句删除，把不合逻辑的地方改掉，然后背下来，进而口语化。这样一来，啰唆、重复、语病大大减少。

通过于老师的这段文字，我们可以看出，培养自我规划能力的方式有两种。

(1) 全方位的分析诊断

布鲁克菲尔德在《批判反思型教师ABC》一书中提到，通过录像进行全方位的课堂观察与调整，是改进课堂、改善自我的“灵丹妙药”。比如，一堂课的录像可以让我们找出大量的体态和言语不协调的地方。我们可能发现自己眼睛望着地板，身体某部位不协调地乱动，眼睛偶尔注视着学生或一直注视着特定的一些人，说出一句不完整的话，说要讲六个主题但是却只讲了五个，说话时常伴有犹豫、停顿和错误等。但以上这些行为只是分散了我们的注意力或迷惑了我们，其背后还有我们完全不知道的东西。

通过录像观察可以让我们进行确切的估计。比如，在课堂上，有多少时间用于教师讲话，又有多少时间用于学生发言。同样的，在课堂上我们花了多少时间引导学生，又有多少时间让学生自己去分析、反思或实践。录像还让我们明白我们教学的形象性如何。比如，我们较好地使用手势了吗？走动多吗？放投影了吗？在黑板上画图了吗？只是站在一个地方用单调的语气讲话吗？

通过录像我们还能够了解自己教学的声音质量，可以看到我们是否常常微笑，是否看起来毫无表情或者愁眉不展；可以判定我们是否经常对学生做出表示认可的反应；可以更清楚地了解自己在不经意中表露出来的对学生的情绪。

总之，通过录像观察可以帮助我们塑造学生心目中的理想形象（我们自己认为的），录像可以帮助我们进行全方位的分析诊断，它的作用是不可代替的。

（2）针对性的观察透析

我们固然需要对课堂进行全方位的分析与诊断，但如果一味地在宏观层面上打转，那就很难深入细节、深入重点、深入核心。有些时候，有的放矢才有所作为，贪多求全可能反而一无所获。所以在全面审视课堂的基础上，我们也要分解视点，聚焦重点与难点，来观察与调整课堂生活。攻其一点，顾及其余，才能集中精力，攻坚克难。

李丽芳老师在她的课堂自我观察及教学反思中写道：

今天，我在上《吃水不忘挖井人》这一课，在简单理解课文最后一自然段时，冷不丁有位学生问道：“为什么课文中是用‘吃水不忘挖井人’，而不用‘喝水不忘挖井人呢’？在19课里明明是‘乌鸦喝水’呀？”我正要把自己的感悟和盘端给学生时，忽然看到班上有几个小不点正在思考。看！小阮彧在摸头，一副思考的模样；许弘在静思默想……显然，这个问题引起学生的“头脑风暴”，这是多么动人的场景！我怎能就此打破？这一学期为了赶任务，课上读生字、记生字、读课文、写生字，一道程序接一道，我忙忙碌碌地赶着，那时的我多像一位厨师，不停地为学生上菜，为学生夹菜，就是没有问学生味道如何，没有看学生吃下去没有。我这不是又回到传统的填鸭式的教学吗？学生思考片刻之后，我问：“这井里打回家的水，干嘛用？”这下子，教室里沸腾了：有的说可以喝，有的说可以洗衣服，有的说可以洗菜……“那么，你们说说，这水与乌鸦喝水的水用处有什么不一样？”一个学生兴奋地站起来说：“老师，我理解了！这水可用在生活的方方面面，而乌鸦喝水仅只有喝的一面。”太棒了！我忍不住为学生鼓掌！依稀记得我们在孩提时代就学过这篇课文，如今在三尺讲台上，也教过两次这篇课文，不曾想过，也不曾怀疑过课题为什么用“吃水”而不用“喝水”。这些小不点儿却怀疑并思考着，我想，这就是自主学习型课堂的无限魅力！

在这一课堂观察及反思中，我们可以清清楚楚地看到，李老师是怎样细致深入地对学生进行观察并理解学生的一言一行的，从而进行有效的自我观察、自我调节，使教学行为有力地促进了学生的学习，引导学生的思维向更深处发展。

六、如何有效观察学生

想起了西方哲学史上的一则经典故事，由此可以来谈关于课堂观察的事。在剑桥大学，维特根斯坦是大哲学家穆尔的学生。有一天，大哲学家罗素问穆尔：“谁是你最好的学生？”穆尔毫不犹豫地回答：“维特根斯坦。”“为什么？”“因为，在我的所有的学生中，只有他一个人在听我的课时，老是流露出迷茫的神色，老是有一大堆问题。”后来维特根斯坦的名气超过了罗素。有一次，有人问维特根斯坦：“罗素为什么落伍了?”他回答说：“因为他没有问题了。”这个经典故事，人们常用于阐述问题意识与怀疑精神的重要意义。其实，从侧面可见穆尔作为教师的敏锐洞察力。他从神色与言语中探测到维特根斯坦的心理世界并作出了独具慧眼的判断。如果是我们普通的教师，面对学生每节课露出迷惑不解的神态，我们可能认为他是后进生，可穆尔偏偏能慧眼识英才。这就是他与众不同的地方。

于永正在《给新老师的20条贴心建议》中写道：“走进课堂，要把90%的注意力放在学生身上，10%的注意力用于教学方案的实施上。”加拿大著名的教育家马克斯·范梅南先生说：“不时地，老师和学生相互阅读着脸上的表情和眼神，去理解什么东西重要、有趣、干扰人、感人、令人厌烦、激动人心、让人心中不平静。一个优秀的教师能够读懂孩子脸上的表情，就像细心的父母能够读懂自己的孩子脸上的各种表情一样。”诸多优秀教师成功的教学实践无不指向这样一个真谛：成功的课堂正在发生着教学信息的良性互动，教学信息良性互动关涉课堂教学的效率与师生的课堂智力、精神生活的质量。

全国特级教师霍懋征深有体会地说，讲课时你必须看着你的学生，看他的眼睛，这非常要紧，因为一个孩子就是一个小小的世界。一篇课文讲完了，谁会背？霍老师一叫就准。为什么呢？因为她会看学生的眼睛，看学生举手的姿势，看学生的面部表情，就能知道学生对课文理解得怎么样。善于观察的教师就是这样能知微见著、善察隐幽。

许阳芳老师在她的教后记中非常明晰地显示出她是如何观察学生的学习状态及思维状态的，并在此基础上因势利导。

前段时间，我在上《小鹿的玫瑰花》这一新课时，为了检查学生对生字词的自学情况，我便同往常一样，把本课的生字词都抄写在黑板上，其中也有“渐渐地”一词。当学生认读“渐渐地”这个词时，我便鼓励孩子们用该词说句子。话音刚落，孩子们的小手纷纷举起。一个个站起来说：“早上，太阳渐渐地从东边升起来。”“五星红旗渐渐地从旗杆上升起。”“雨渐渐地停了。”“弟弟渐渐地懂事了。”这时，女生静说道：“花骨朵儿渐渐地长大了。”我满不在意地说道：“应该是花骨朵儿渐渐地开放了。”我的话音刚落，女生娜就站起来说：“老师，您说得对，那课本就写错了！”我诧异道：“什么课本？”她点了点头，翻了翻语文课本《小鹿的玫瑰花》，小手还熟练地指点道：“老师，您看这儿——花骨朵儿渐渐地长大了。”我连忙仔细瞧了瞧，课文第三自然段第一句赫然写着“花骨朵儿渐渐地长大了”。顿时，我心恍然，这拟人句式的童话色彩，不正是我平时在看图写话的指导教学中极力挖掘的吗？此时，面对文本，我自惭，作为老师，自己对文本都不够熟悉，又如何驾驭课堂教学？面对文本，我自愧，作为语文老师，自己对文本解读都不够透彻，又如何为孩子们远航扬起风帆？面对文本，我自卑，作为小学语文老师，自己对文字妙用都不够敏感，又如何带领孩子们超越自我的境界？面对孩子，我更是深深地自责着……顿时，我内心忐忑不安起来，难道这就是我对文本的解读？我该如何解释我的过错？正当我琢磨如何收场时，我灵机一动，心想：与其在此自责，不如迈步前行。这段时间，我们学校语文课题组开展“指导学生自主学习”的实践活动正如火如荼地进行，我为何不尝试着让孩子们自主品句，带着自己的感受来解读？于是，灵感闪动的那刻，我便在黑板上写下这两个句子——“花骨朵儿渐渐地开放了”“花骨朵儿渐渐地长大了”。我决定引导孩子们在思考和探索中前进，启发学生自己探求、自己解读……

接着，我引导孩子们自己读一读这两个句子，读后想想两个句子有什么不一样，并把想到的说给同桌听听。这时，整个教室又热闹起来了，孩子们读得带劲、说得起劲，都不亦乐乎。很快，男生宇小手高高举起：“许老师，我知道！‘花骨朵儿渐渐地开放了’这个句子比较好！因为花骨朵儿渐渐开放就成了小花，我喜欢小花。”对于宇的理解，我并不满意，但我也未否定，只是点头示意道：“好，这是你的理解。这两句话还有谁有不同的理解？”我期待着孩子们更精彩的回答，这时女生怡站起来说道：“老师，我也觉得‘花骨朵儿渐渐地开放了’这个句子好！因为我觉得‘花骨朵儿渐渐长大了’只是指她自己长大了，而‘花骨朵儿渐渐地开放了’是指花骨朵儿就像是一位怀着宝宝的母亲，等她开放了就有一个新生命。”孩子的思维想象超越了我的想象，幼小的心灵却能容纳百川，多么不可思议呀！竟能把花骨朵儿看作伟大的母亲在孕育着新生命。坐在最后一排的男生建，他的声音不大，可我却听得清清楚楚："等花骨朵儿们长大了，那就会开放成一朵朵美丽的花了。"其实，现在对我来说，哪句话好与不好、对与不对不是那么重要了，重要的是在这儿，我从孩子们身上看到了希望……

英国著名的教育家沛西·能提出，当蒙台梭利讲到教师是一个观察者时，她的意思是，观察者并不只是一个消极的旁观者，而是一个积极的观察者——他时刻"准备着"，像航海者所理解的那样，不作琐细的干预，而是准备在需要帮助的时候助儿童一臂之力。教师必须保存有关每个孩子进展情况的详细记录，同时，好像一个谨慎而又克制的母亲，必须等待时机，讲一句真正及时的话，或者给一个真正合理的暗示。

课堂观察的视点

课堂观察要有具体的内容，也即观察要有具体的视点，而确立观察视点要有一定的策略。课堂观察的一般视点有学生的学习状态、教师的教学状态、课堂生成的状态、课堂中互动的状态、师生解读教材的状态。

一、确立课堂观察视点的策略

通过对课堂观察视点的研究，可以更深刻细致地解读课堂教学的内在奥妙，提升教师对课堂教学的专业理解力与判断力，增强对课堂教学生活的创造力。通过对课堂观察视点的研究，可以更好地提升校本教研的品质，将问题转化为课题，有效地进行行动研究。通过对课堂观察视点的研究，能更好地推进“生本化”课堂的进程，建构“以学生为中心”的课堂。

纵观许许多多的观课视点，可以将它们分为不同的类型，如过程型、针砭型、分解型、整体型、散点透射型、专题研究型、效能探索型……一些观察视点，力求面面俱到，结果让人觉得毫无头绪，教师们时常难以理解，难以操作。如何确立一些简便易行的观察视点呢？不同的研究者进行不同的探索。针对传统观课视点存在的问题，汲取专家学者的研究成果，我结合了多年的观课实践经验，从中抽绎出一些共性的原则。

1. 系统性策略

影响课堂教学质量的因素可以说是复杂繁多，从大的方面来看，课堂教学包括学生、教师、课程、环境这四大要素。在成功的课堂教学中，这四大要素是相辅相成、紧密联系的。在进行课堂观察时，不能仅仅观察某一方面的状态，并就一方面而论，妄图以一总多，否则，常常会流于以偏概全、以点代面。真正的课堂观察，要用系统、联系的观点来看，如观察学生的思维状态时，不能仅仅考量学生的思考情况，而是通过观察学生的思考情况来寻绎学生为什么会这样思考。那就意味着，观察者还要留意观察教师的问题意识、教材的难度、环境的创设等相关因素。系统性意味着将教育教学视为综合、整体的事件，深刻理解课堂教学生活是丰富微妙的。只有以这种联系的观点来看待课堂，我们才不会只知其一而不知其二、只知其表而不知其内、只知其形而不知其神。

例如，有位老师上作文感官训练课，她以“手”为主题，引导学生们进行观察训练，并让学生们分小组把观察发现描述出来。各个小组都非常踊跃，汇报也很精彩。轮到“用口来品尝”这一小组的学生发言，他们一个个都一声不吭，没有一个人愿意用口来尝尝手指头。老师一直在鼓励，但学生们依然不为所动。最后，老师自己尝试，然后开始描述。学生们一起“哇”了一声，一副苦相。大家都在窃窃私语，说：“健康老师说，我们要讲究卫生，不能把手指头伸进嘴里……”那么，在课堂观察时，我们不能简单地分析这位教师教学行为的对与错，而是应分析：有必要这样去观察吗？各科教学中向学生渗透的观念有时不一致，遇到这种情况时应该怎么处理？教师应该在什么时候示范呢？……这样分析，我们就可以从简单的课堂现象中发现许多有价值的东西。

2. 过程性策略

观察课堂不能浮光掠影、浅尝辄止，否则，就失去了观察的意义与价值。进行课堂观察要从课堂教学现象中去诊断问题，探寻课堂教学规律，关注课堂教学的生成过程，只有这样，才能探明教学现象之间的内在联系。比如，教师提问的数量、提问的质量、问题呈现的序列、候答的时间、如何倾听、教师如何理答、学生如何反应……整个过程都要细细地加以观测、考量。再如，考察学生的学习过程，教师引导过程，这需要观察者确立过程性的观察视点。没有过程性的课堂观察必定是缺乏深度的，无法探明课堂教学的奥秘，也无法提炼出富有创见的课堂思想。唯有注重过程，观察者才能探寻到课堂教学的思想逻辑，才能深刻地体悟到独特的课堂意蕴。

苏霍姆林斯基非常详细地记述了他在课堂教学中观察及深入研究的过程。他在听课和分析课的时候，思考着这么一些问题：为什么在许多情况下，学生们的回答是那么贫乏？为什么在这些回答里常常缺乏儿童自己的活生生的思想？于是，他开始记录学生的回答，分析他们的词汇量，分析他们的言语的逻辑因素和修辞因素。他发现，学生使用词汇时并没有在意识里把它们跟周围世界的事物和现象联系起来。他联系自己的课堂教学，越来越多地思考：词是怎样进入儿童的意识的，又是怎样成为思维的工具的？儿童是怎样学习借助词来思考的？而思维又是怎样反过来促进言语发展的？在对儿童思维的指导上究竟有哪些缺点？由此，他再细致分析自己的工作、自己的课和学生的回答。例如，儿童要讲一滴水旅行的故事，按道理他应当讲到春天冰雪初融的小溪，讲到春雨，讲到彩虹，讲到苏醒的湖水的拍岸声。总之，讲述这些，儿童应当把自己作为这个有生命的自然界的一部分。可是，儿童们说的都是套话连篇，是一些硬挤出来的、笨拙的、死背下来的句子和词组，这些句子和词组的意思连儿童本人也理解得很模糊。最后，他终于得出了结论：课堂教学生活阻断了词与思维的源头。“我们忘记知识的最重要的泉源——周围世界、自然界，我们强迫儿童死记硬背，使他们思维变得迟钝。”他开始带领儿童出去，到自然界去：花园里、河岸边、田野里……他跟孩子们一起学习用词来表达事物和现象的最细微的差异，到“活的思维的源泉那儿去旅行”。孩子们的用语及思维越来越灵活，越来越丰富了。用苏霍姆林斯基的话来说：“我看到，我的孩子们的思维变得更加鲜明、丰富和有表现力了，词有了情感色彩，显得活泼而动人了。”然后，这些真理性的发现成了全体教师的教育兴趣与信念。小学各年级的所有教师，都有了写小作文的本子。他们开始分析儿童在各个季节里到自然界去参观（譬如春、夏、秋、冬到果园里去）时能够掌握哪些词汇……

3. 连续性策略

教育教学的作用与影响是一个漫长的过程，如果不尊重教育教学的发展规律，只通过某一观察视点来评判与研究课堂，往往就会显得草率与武断。课堂观察视点的确定是一个连续性的过程，国外研究者总是经过一段时间的研究才确定某个观察视点，尤其重要的是，他们数十年如一日，一直关注这一观察视点，通过这一观察视点来研究整个课堂教学乃至教育的问题。如果没有在很长的时间内作细致深入的观察与研究，没有过程性与连续性的课堂教学观测，就轻易地作判断，那是非常冒失和危险的。比如，我们倡导自主学习，但不能一开始就以自主学习的标准来衡定低年级的课堂教学。因为自主学习必须经由“他主—指导—自主”的过程，这个过程的时间跨度可能是6年、9年、12年……所以课堂观察的视点必须要有持续性，否则我们就会“断章取义”，就会“自作解人”，就会“歪曲真相”。任何东鳞西爪式的主观印象都不能替代年长日久专心致志的“聚焦”，只有锁定某些视点并持之以恒地进行观察，才能观“课象”，察“课神”，明“课理”，悟“课道”。

4. 合作商讨策略

课堂观察提倡的是一种“合作共生”的教研文化，在进行课堂观察时，观察者与上课者相学相长，在合作互创中不断促进专业成长。这就意味着课堂观察的视点不能仅靠观察者单方面来确定，因为有时候观察者对所要观察的课堂教学情况并不熟悉。比较有效的课堂观察视点一般是通过多方合作协商得出来的。比如，可以综合考虑：上课教师关注的焦点是什么？上课教师在课堂教学中急需解决的问题是什么？上课教师最想从观察者那儿获得哪些方面的课堂教学信息反馈？观察者聚焦的主题是什么？观察者观察的目的是什么？……经过深思熟虑与探讨交流，在此基础上确定课堂观察视点，能够增强课堂观察的针对性，提高课堂观察的科学性和有效性。

有一次，我们观摩了一位老师上儿童诗《我想》（五年级下册）。老师让学生们整体感知了这首诗后，安排这样一个环节——请学生们闭上眼睛听老师朗读这首诗，边听边想象，老师有声有色地读起来，学生们听得很陶醉、很投入。在课堂教学研讨时，有位数学老师说，你们语文老师比较浪漫，为什么想象时要让学生闭上眼睛呢？老师们大笑，一位老师接过话说："是啊，不一定非得闭上眼睛想象啊，因为有的孩子比较调皮、偷懒，借此机会'闭目养神'。还有，我认真观察，发现老师在朗读的过程中表情非常丰富、生动，如果学生们睁开眼睛看老师的表情，可能更容易进入情境，更加能够浮想联翩。"大家都觉得有道理，点头称是。另一位老师说："我上课时在让学生想象这个环节中，我也喜欢让学生闭上眼睛来，这样学生就可以全神贯注，比较专注。"大家觉得这位老师说得也有道理。可是，上课让学生想象这个环节非常难检测，怎么才能知道学生们在想象呢？于是，我们就开始探讨这一切。我就提出："像老师在上课中说的，边听边想象，听到了什么？看到了什么？在这个基础上，请学生们写下来，每个学生写好以后再交流。"接着，我们约定下一次专门围绕怎样引导学生把想象过程比较明晰地展现出来这一视点来进行观察……通过这种合作商讨的方式，我们发现了课堂教学中很多真实而有意义的问题。

课堂观察的视点不是一成不变的，它可以是事先精心选定的，也可以根据课堂生成适时调整。坚持系统性则可纲举目张；坚持过程性则可推源溯流；坚持连续性则可求同存异；坚持合作商讨原则就可集思广益。总之，在确定课堂观察的视点时，这些原则是相互交融的，为成功的课堂观察及教学研究指路导航。

二、课堂观察的具体视点

（一）学生的学习状态

课堂教学的重心是学生，也即学生的学习状态。没有学生参与的课堂教学是缺乏意义与价值的。必须把学生的学习置于课堂教学的中心，也置于课堂观察与分析的中心，否则，一切的思考就失去了支点与原点。彰显学生的学习主体的地位，是我们课堂教学的一种转向，即关注的重心从教师的教转到学生的学，要关注学生的参与状态、认知状态、思维状态、交往状态、互动状态等。著名特级教师贾志敏在《我们怎么看课》中写了一件事：意大利的一位著名足球裁判因执法公正、处置果断而闻名遐迩。有记者请他介绍执法之经验，他不假思索地说："让观众忘却我的存在。"20世纪80年代中，美国的一个教育代表团到上海一所学校听课。校长请贵宾在学生后面入座，他们却表示："我们为什么去注意老师呢？我们要观看的是孩子是怎样学习的。"说着，纷纷把椅子挪到黑板下面，面对着学生，静静地观看孩子上课了。想想也对。绿茵场本是球员驰骋之地，裁判只需保证比赛公平、公正地进行；课堂是学生习得知识的场所，教师只需要辅导、帮助学生掌握知识。然而，有的老师大声疾呼："我就是语文！""我的课堂我做主！"闻之，我寝食难安，汗颜不止。毋庸置疑，课堂是学生的，空间是孩子的，是他们在学"语"习"文"。孩子是红花，教师是绿叶，切不可本末倒置。教师在课堂上所做的一切，只能是为孩子学好母语服务。一堂课仅40分钟，教师就要在有限的时间里演绎出一个又一个美丽的故事，这就是教师的生命价值所在。余文森教授认为，我们进入课堂判断学生是否在进行优质学习，可以从五个维度来考察和分析：情绪状态、参与状态、交往状态、思维状态、生成状态。

1. 参与状态

没有学生的参与，教学不称其为教学；只有少数学生的参与，教学不能成为有效的教学；真正的有效教学是全班学生全程地参与学习活动。在日常教学生活中，不少学生游离于课堂之外，他们“身在曹营心在汉”。参与状态决定着学生对课堂与学习的认同感与幸福感。对于学生的参与状态，我们可以从广度、深度两方面来考量。我们可以统计一下，一节课中有多少个学生回答问题，多少个学生在做小动作，从这些可以看出参与的广度。而参与的深度可以通过学生回答问题的积极性与理解问题的程度来看。在课堂观察时还要注意“不参与、浅参与、假参与”的现象。

在郊尾参加一次心灵作文研讨会时，按照惯例我们请学生先说说上课教师给他们留下哪些深刻的印象，随后让学生们给上课教师提一提建议。没想到一位高个子的小男生站起来说：“老师，我建议你再长高一些。”参加研讨的教师们望着有着一米七五标准个头的执教老师面面相觑，感到莫名其妙。主持的老师和颜悦色地说：“你能不能告诉老师为什么呢?”这位男孩子真是语出惊人：“如果老师再长高一些，他就可以看到后面的同学在举手。”教师们一阵大笑。他再补充道：“我一节课举了好几次手，可老师都没看到我啊!”教师们相视一笑，有点心领神会的样子。

曾听一位老师上的《新型玻璃》（人教版五年级下册）第一课时，她在教学过程中出示了表格（如下表）。

类型	特点	作用

课件提示：新型玻璃有什么特点、什么用途呢？请带着这个问题自由朗读有关段落，边读边画出相关词句，并用简单的词语加以概括，然后小组展开讨论，合作完成表格。课堂上，教师把表格直接给了学生，学生可以按图索骥固然能够准确省事，但是学生们没有经历如何设计表格、如何概括提炼的过程。另外，表格内容比较简单、条理比较清晰，应该来说大部分学生可以自己填写，如果个别学生填得不那么准确或不那么完整，也纯属正常。但是，在个别学生没有充分学习思考与填写好之后，教师就贸然要求学生小组合作来填写这一表格，造成的结果是什么呢？一些优秀生充当小老师，代替其他学生学习与思考，变成了优秀生在宣读答案，而其他小组的成员则是在“听写”。用一位观课教师的话来说，展示与表演、表现是个别优等生的权利，而鼓掌与喝彩还有笑成了大部分学生的义务。

学生是课堂的主人，没有学生的真正的、真实的参与，课堂学习生活就会显得苍白乏味，也就没有任何意义可言了。

2. 情绪状态

杨茂秀教授指出，教与学的活动，其实跟孩子在沙滩上的游戏差不多，所有的成果都会随着时间与潮流，从无到有再到无，重要的是，过程里的愉悦跟心醉神迷。这就是说，学习过程中的体验与情感状态是学习中唯一重要的东西，只有它才历久弥新，让人刻骨铭心，并影响人的生命行走的轨迹。美国著名的教育家斯蒂芬·D. 布鲁克菲尔德说得好：“了解学生对学习的体验是一个教师做好工作所需要的基本的、首要的知识。没有这些知识，所有的教育技能都将失去意义，因为教师在运用那些技能时会不自觉地迷惑或威吓学习者。”

如何考察学生的情感体验与学习体验呢？教育教学生活要在学生的内心深处打下深刻的烙印，要能让学生觉得学有所得、学有所悟，并且张开“心”眼来接纳这一切，努力形成自己的信念并改变自己的行为。那么，最为重要的事就是，要引发学生深层次的情感或心灵的震撼。否则，一切教学都可能是船过水无痕。学生每天端坐在课堂上，看似在努力地“受教育”，努力地“学习”，但是，这不过是口耳之学，不过是记诵之学。

那么，如何考察学生的情感体验呢？我认为，首先要看一看，课堂学习中，学生的心灵是否随着文本情境、文本情感的跌宕起伏而不断变化，是否与文本形同陌路、格格不入，是否无动于衷。亚里士多德在《伦理学》中说：“作品能够在动态中表现出潜伏于作者内心深处的东西。”读者（学生）就是要从作品中感受到作者潜伏的情感的波澜。其次，要看学生的情感体验是否与教师创造的积极的课堂气氛相融合，学生对教师的言行抱持着怎样的态度。比如，是倾注身心去捕捉教师的每一个发音、每一个眼神、每一个动作，然后自然而然随之应和着？还是一动不动、冷冷地注视着教师的一切，仿佛与己无关？或是烦躁不安，对教师的言行怀着厌恶之情？再次，考查学生有没有经历学习过程中的“高峰体验”。也就是说，学生有没有经过思维的艰辛跋涉，历经千曲百折之后，终于拨云见日，获得内心的光明，获得内心的欣悦？有没有从愁眉不展的冥思苦想到恍然大悟的欣喜若狂？有没有……如马斯洛所描述的：高峰体验是人的最美好的时刻、生活中最幸福的时刻，是对心醉神迷、销魂、狂喜以及极乐的体验的概括。正如余文森教授提出的，由于情感的参与，学习成为学生的一种内在需要，成为学生发自内心的自我满足的“精神解放”运动。通过这种学习，学生会感到心情愉快、赏心悦目，甚至会自我陶醉，乃至产生自我表现、自我实现的高峰体验。这是外在的奖励所不可能达到的一种境界，这是人生的一大幸福。与此同时，这种体验带来的自尊、自爱、自信，又会对学习产生很好的强化作用，从而也促进了情感本身的发展。由此，我们在观课时要关注学生在学习过程中的情感脉络：有没有困惑的困扰？有没有求知的好奇？有没有探索的兴奋？有没有分享的乐趣？有没有成功的愉悦？有没有豁然开朗？有几个学生处于“无感动状态”？有几个学生“沉浸其中”？……

3. 思维状态

俄国著名的教育家乌申斯基强调说，教师最主要的职责在于“培养学生从事脑力劳动的习惯”，因为脑力劳动“未必不是一种最艰苦的劳动”。乌申斯基甚至认为，在学生身上培养从事脑力劳动的习惯，是一种比传授学科知识更为重要的教师职责。教师要想方设法使学生习惯于脑力劳动，习惯于思考。教师在授课时，要使学生的注意力处于兴奋状态之中；在指导学生学习时，要帮助学生与困难作斗争，但不应代替他们学习。教师要积极为学生创造进行独立思考——脑力劳动的条件。课堂教学的重要使命就是让学生学会思考。没有经过思维激活的知识是智力世界中的一种累赘。英国著名的哲学家培根说“知识就是力量”，在我看来，知识能发挥其力量的最重要的动力就是“思维”。知与思的互促互进、完美结合是课堂教学中永恒的主题之一。杜威指出，持久地改进教学方法和学习方法的唯一直接途径，在于把注意力集中在要求思维、促进思维和检验思维的种种条件上。思维就是明智的学习方法，这种学习要使用心智，也使心智获得酬报。日常课堂生活为什么总显得平淡无味，甚至荡不起一丝半毫的波纹？细细寻绎，可以归绺于诸多因素。在我看来，失却思维的挑战、没有思想的创发、没有思考的乐趣，这是课堂教学生活缺乏生动性与趣味性的根本原因。学生们对教师的一言一行太熟悉了，有时教师说了半句话，学生就明白了另外半句话，乃至于他们对教师的教学指令、教学任务安排都烂熟于心，毫无新鲜感，毫无新奇感。也许，熟悉的地方无风景！其致命之处就是一些教师误解了“本色教学”“简单教学”的意义，上课之前没有进行精心的设计，或者在教学设计时更多的是考虑教学任务的完成，对学生的情感反应、思维反应几乎很少去推想。这就造成了课堂教学生活没有一波三折的曲折神秘，没有波澜起伏的丰富生动，没有匠心独运的创思与妙趣横生……进行课堂生活原本是一种充满激情的心灵探险，充满求知的快乐，充满探索的好奇，充满心智的交锋。然而，在许多课堂中，我们看到的是思维的疲沓、精神的疲软、生命的疲乏。知识不是一种可以从这边搬运到那边的预制板，也不是打点滴一样直接输液与补充营养，我们还要考虑到它可能的不良反应……课堂观察时要考察学生的思维如何展开，包括思维的敏捷性、深刻性、独特性、开阔性、灵活性等方面。

苏联著名的教育家赞科夫在《论小学教学》中写了这样一件事：为了进行比较，让我们看看，一些俄语教学法参考书所建议的看图作文是怎样进行的。这项工作的典型特征表现为让学生按照马科夫斯基复制画《相会》而写作文的那一课教案里。教学参考书建议先进行关于革命前儿童的生活谈话（根据契诃夫的小说《万卡》来谈）。教师提出了一系列问题：为什么万卡会来到城里的皮鞋作坊里？是谁送他来当学徒的？为什么？万卡心里向往什么？他在给爷爷的信中写了些什么？然后让学生看一下《相会》这幅画的复制品并进行谈话。教师接着提出一大堆问题：画上画的是什么人？男孩子在哪里做事，做什么事？谁看他来了？母亲从哪里来？母亲给儿子带来了什么？为什么他那么贪婪地吃着母亲带来的面包圈？看一看男孩子的外貌，他在老板那里生活得怎么样？关于自己的生活，男孩子对母亲讲了些什么？为什么母亲感到那么愁苦？孩子向母亲提出了什么请求？母亲能不能再把他领回乡下去？男孩子是怎样和母亲分手的？教师接着建议说，让学生“给这幅画补充一些自己的材料”，让学生想一想，以前可能发生过什么事，以及以后会发生什么事。教师提了这些问题以后，就让一两个学生按照图画口头叙述提纲，最后让全体学生编提纲并写出来。很明显，经过这么一番准备之后，学生就没有什么独立思考的时间和空间了。在词语表达形式方面，也同样是可悲的。教师在问题里把答案都暗示给学生了。教师问道：“谁看他来了？”学生只要在代词“谁”的地方换上“母亲”这个词并且改变一下词序就行了，于是得出这么一个句子——“母亲看他来了”。教师提出问题：“看一看男孩子的外貌，他在老板那里生活得怎么样？”学生的思维只限于怎么样，他们只需换上“很坏”这个词就完了……

这样的教学就是属于典型的将学生的思维“圈定”在教师“自以为是”的圈套中，不让学生们进行任何自由的思考，不让学生们进行任何思维的尝试与探索，一切就显得死气沉沉。

杨磊老师在学校进行课堂观察时，发现两位小学语文教师在教学“动物”一词时采取了不同的教学方法。第一位教师先问学生“什么是动物”，学生回答说猫、狗、鸡是动物。然后，教师就总结说：“大家记住，像猫、狗、鸡、鸭等能自己活动的生物都是动物。”第二位教师同样问学生“什么是动物”，学生回答说鸡、鸭、狗是动物。然后教师问理由是什么，学生回答说它们会叫唤。教师又问：“蚯蚓不会叫唤，它是不是动物?”学生说：“蚯蚓会爬，会爬会走的都是动物。”教师又进一步问：“鱼和鸟都不会爬，它们是不是动物?”学生回答说：“它们会游和飞，能活动的都是动物。”教师最后问：“飞机和汽车都会活动，它们是不是动物?”学生说：“不是，因为它们是人开动的，不是自己动的。”最后，学生们自己得出结论：能自己活动的生物才是动物。杨磊老师分析道：“我们可以看到，在第一个老师那里，学生得到的是现成的知识。而在第二个老师那里，学生不仅知道了什么是动物，而且对动物的内涵和外延有了一个清晰的认识。”因此，教师应该让学生在获取知识的同时掌握获取知识的方法，从而使他们获得更多的程序性知识和策略性知识。也就是说，教师要着重培养学生建构知识的能力和创新精神，将重视学生知识的学习转变为重视他们智慧的获得。

余文森教授在一次省学科带头人教学研讨活动中提出，最好每节课中都要有质疑这一环节。他认为，课堂教学中一定要让学生在充分阅读的基础上提出有价值的、有意义的问题，在尊重文本的前提下进行质疑和讨论。比如，他在对一位教师上的《梦想的力量》（五年级下册）一课进行评议与分析时，对文本提出的一些质疑令人深受启发：（1）瑞恩才6岁，妈妈怎么忍心让他做那么多家务活来赚钱？为地毯吸尘还说得过去，擦两个小时的窗子是不是过分了？（2）瑞恩的妈妈如果是个有爱心的人，应该直接给瑞恩70元钱，那么是直接给钱好呢，还是让瑞恩自己去挣好？（3）加拿大援助救济会驻乌干达办事处难道没有一台钻井机？（4）国际组织在干什么？怎么就让一个孩子来做这样的事？（5）水就是生命，20个人干10天活儿可以挖一口井，非洲人怎么不自己挖呢？……他认为，我们的课堂教学之所以没有“问题”，就是因为在教学中以老师为中心，以文本为中心，把文本当作外在的东西，没走进去。如果走进去并设身处地地想想，就会提出发人深省的有价值的问题来。教师不能以单一的视角和观点来解读文本，而应以更开放、更多元的思维来解构与重构它。否则，必然使学生的质疑意识与创新动机退化。尤其重要的是，教师也要唤醒学生对文本的质疑精神，不能唯书是从，逐渐养成“问书”的习惯。

这期间，教师对待学生质疑文本及质疑教师的行为应该是宽容鼓励而不是排斥打击。巴赫金认为：“世上还没有过任何终结了的东西；世界的最后结论和关于世界的最后结论，还没有说出来；世界是敞开着的，是自由的；一切都在前头，而且永远只在前头。”在现实课堂教学中，不少教师对不同的观点、另类的看法没有予以足够的重视与尊重。课堂教学不是一成不变地按教师预定的轨迹分毫不爽地行进着的，在这一过程中必然有中断、有延伸、有突变……这是由课堂教学的丰富性与生命性所规定的。面对这种情况，身处其间的师生到底如何思考、如何行动呢？

4. 自主学习的状态

每个生命都有不断成长的勃发力量，生命不息，成长不止。就像苏联著名的教育家阿莫纳什维利所认为的：“儿童的灵魂不是一堆无生命的建筑材料。实际上，儿童的灵魂是一种生气勃勃的精神、激情、改造和创造的力量。”我们的教育及课堂教学要顺应生命成长的需要，创生煦育灵性、化育天性、滋养个性的精神生活与学习方式。《学会生存》一书中提出：“未来的学校必须把教育的对象变成自己教育自己的主体。受教育的人必须成为教育他自己的人；别人的教育必须成为这个人自己的教育。”学习是一种生命的成长，而自己是自己生命成长的第一责任人。对每个生命个体而言，自己是学习的起点，也是学习的终点。学习是对自己生命的一种修炼，人生是通过持之以恒的学习来修炼自身的。

过分地仰赖于他人与外界的“设计”的人，往往是不堪造就、难以成器的，乃至于难成真正意义上的人。在学习上，我们要让学生深刻地意识到“只有自己才能成全自己”“只有自己才能造就自己”，把学习的主动权还给学生，让学生们获得学习的自由时空。他们不再仅仅为教师或家长而学习，更多的是为自己而学习。“功过自承，得失自担”的开放状态，让他们学会最大限度地调动与开发自身的潜能并热情投入属于自己的学习中来，参与自己的精神生活的建构。同时，只有学生从内心深处彻悟到“学习是属于自己的权利、义务与责任”时，才有可能为学生终身学习、终身教育提供源源不断的内在的精神动力。印度哲学家奥修说，人有肉体生命和精神生命，肉体生命是父母给的，而精神生命是自己赋予的。学生便是通过学习陶养自力更生、发愤图强、独立自主的学习精神与人生态度，从而锻造自己的精神生活及“第二生命”。

曾在一次课堂观察中看到，一位老师上《一面五星红旗》时出现了三次同样的情景：自由读课文，注意读准每个字音，读完的同学请举手；同桌对读，读完的同学请举手；默读课文，边读边想课文主要讲了什么事，想好的同学请举手。让学生举手是为了便于了解学生的学习情况，但是，课堂中常常会有一些孩子完成了教师布置的学习任务以后就茫无所措，不知道要干什么，他们只是呆呆地坐在座位上等着教师的下一个指令，或者是端端正正地举着手，眼巴巴地望着教师……这种学习显得非常被动，一切都是在教师的指挥下按部就班地进行，教师怎么说就怎么做，教师说什么就做什么。最令人担心的是，教师不说，他就不做，或不懂得怎么做，不懂得做什么。这种教学浪费时间，让学生养成了依赖的心理。

“我们今天把重点放在教育与学习过程的‘自学’原则上，而不是放在传统教育学的教学原则上。”正是基于这样的思考，一些优秀的教师在课堂教学中总是不断地激励学生勇于自学。例如，北京市特级教师宁鸿彬在课堂上规定“三个欢迎”和“三个允许”的开放政策：欢迎质疑，欢迎发表与教材不同的意见，欢迎发表与教师不同的见解；允许出错，允许改正，允许保留意见。天津市特级教师李鉴蕙在课堂教学中提倡“七个允许”：错了允许重答，答得不完整的允许补充，不明的问题允许发问，没想好的允许再想，不同的意见允许争论，教师错了允许提意见，争论到白热化时允许学生自由抢话茬发表意见（不必举手等待教师批准）……

对于学生的自主学习状态，我们在课堂观察中应该这样来考量：有没有自主阅读？有没有自主作业？有没有自主活动？有没有自主提问？有没有自主表达？这些活动时间有多长？……

5. 学习效果的状况

学生的学习方式与教师的教学行为，归根结底要落实到学生的学习效果上来。是劳而无功，抑或是事倍功半，还是事半功倍？这些都是需要深入考察与思考的。当然，并不是说课堂教学只问结果不问过程。学习效果重要的内涵在于两方面：学习过程的体验感受与收获；学习结果的体验感受与收获。

曾经听一位老师上《万年牢》一课。在课文的预习要求中有这样一个问题：联系生活实际，说说读了这篇课文你有什么收获。老师让学生们把自己的想法写下来，其后要求全班进行交流。学生们说：“做人可靠，不做亏心的买卖！”“做生意不要做假。”“做人要实在，不要撒谎。”“做什么事都要认真实在。”“做生意要像父亲一样。”“有人卖猪肉时注水，这生意经念歪了。”……诸如此类的感想大同小异，但老师一一表扬着。在课快结束时，让学生们来说收获，学生谈的依然是这些内容。课后与这位老师交流时，我追问道：“像孩子们所说的所谓的收获，可能更多的是字面上的理解，想想，孩子读了这篇课文几遍后他们才能获得这样的理解呢？”我们老师不妨去试一试，可能就一遍，学生们基本上都会说得差不多。那么，上课之前与上课之后有没有区别呢？为什么会造成这种思维现象呢？主要原因是学生没有真正深入文本深处，没有把自己的生活经验与生命体验融于文本。这种引导的弊病就如著名的教育家夸美纽斯在《大教学论》中所指出的，没有人在行为的内在根源上下工夫，这样去形成道德，而只凭关于德行的外来的解释与分析，给人一种肤浅的道德伪装的印象。

学生的学习效果还可以根据“三维目标”进行测评。在此基础上，我们就可以推因溯果，判断其成效如何，为何取得这样的成效，从而在“教学结果—教学行为（师生的活动）—内在的原因”这一逻辑过程中进行追溯，并更深刻地理解课堂教学的整体结构及内在的运行规律。郑金洲教授认为，课堂教学结束后，学生们是否还兴致勃勃地议论刚才课堂教学的一些场景与观点，是教学效果的重要表征。他在《听课中的观察与记录》中提道：下课铃响了，按照一般的理解，好像听课就到此结束了。其实不然，在课后仍然可以观察到一些有益的信息，对你理解和认识这堂课有较大的参考价值。比如，你可以与学生攀谈，了解他们掌握本节课内容的情况，来看看预期的教学目标是否已经达到了，至于选择与哪些人交谈，视学生课堂上的不同表现及课后的实际情况而定；也可以观察一下学生课后是否还饶有趣味地谈论着本节课的内容，这实际上也可作为检测课堂教学效果的一个重要指标。另外，我们也可以通过对学生进行当场检测、课后调查访问等方式来反思课堂教学的效果。

任何一名优秀的教师都可以在学生的各种各样的信息反馈中捕捉教育教学在他们身心中产生的影响与作用。这些信息包括学生的表情与心情、学生的言行举止与精神风貌……

（二）教师的教学状态

1. 教师的教育教学价值取向

课堂教学的灵魂就是引导学生锻铸自己的灵魂。理想的教学就是要引导学生通过艰辛而又美好的课堂之旅，使他们不断地认识自己、发现自己、改造自己。就像荀子所说的“君子之学以美其身”，学生也要通过学习来修美其心性，通过学习来修美其德行。如果知识无法转化为德行，那么，再多的知识也不过是一种外在的修饰与掩饰。如果能力与技巧不受道德的统帅，那么，才干往往成了伤人害己的工具。缺乏价值引导的学习终将导致学生失“魂”落“魄”——失却人生与生命中的基本价值；而缺乏价值辨析的教学是一种野蛮训练，终将消磨尽师生原有的善心。

有人说：“教育及课堂教学为生命奠基。生命的基石是那块散发出人性香味与灵魂光泽的通灵宝玉。在生命间的彼此敞亮与对话中，我们的内心更醇厚；在心灵间的相互映照与光耀下，我们的眼眸更明净灵秀；在彼此的体谅与爱赏中，人生中最为美好的活性因子变得更具活力。教育就是立意改善人的内心的力量，使人的生命内在地挺立起来——教育，氤氲心灵的温情！教育，创造美好的人性！”正如《教育世界的今天和明天》中谈到的：“教师和学生要建立一种新的关系，从‘独奏者’的角色过渡到‘伴奏者’的角色，从此不再主要是教授知识，而是帮助学生去发现、组织和管理知识，引导他们而非塑造他们。但在那些指引终生的基本价值方面，则始终要有极大的坚定性。”价值取向问题有时很难一眼洞穿，不可能在一时一地就可以洞明其幽微与奥秘。1964 年，克拉斯沃尔、布卢姆和马西亚出版了《教育目标分类学：情感领域》。情感领域将人的情感教育目标分为五类：接受、反应、价值判断、组织、价值观念或价值复合体的个性化。那么，在课堂观察中怎样关注价值取向呢？价值引导是强调开放多元中的普适意义，还是苛求僵化的同一标准？是讨论辨明式的，还是外在单一输入式的？是正确明晰的主流价值，还是歪曲混乱的偏见？……

在上《飞夺泸定桥》这一课时，正好是一个实习老师上课，他让学生们自由读课文。不料，在一阵安静中，有位男孩子惊讶地问老师：“课文中敌人看见对面的火把时问对方是哪部分的，红军说‘是自己人，遇到红军退下来的’。红军这不是骗人吗？我们老师不是经常说，要诚实，不要骗人吗？”这位年轻的实习老师被问住了，愣愣地僵在那儿。（其实，常见的做法是把问题抛给全班学生讨论）问题是，面对这样的困境，我们要如何引导学生并对他们进行价值引导呢？

武凤霞老师的观课经历，可以让我们从中获益。她在《“血淋淋”的课堂要不得》中写了观课的感受：那是一次优质课大赛。一个老师讲

《生命，生命》（人教版七年级上册）这篇课文。文章很简单，大致说了三件小事：飞蛾在人的手中求生，砖缝中的小瓜苗长出嫩芽，心脏有力地跳动。每一件事只有几句话的描述，简洁明快，蕴含着作者珍爱生命、敬畏生命的强烈情感。教学中，在谈到飞蛾求生的时候，这位老师让学生联系实际谈谈自然界中的小动物在面临生命危险时有什么样的表现。学生发言了："我爸爸在杀鸡的时候，鸡使劲扑棱着翅膀，想挣脱爸爸的手。""我们家养了一只小乌龟，我妈妈想用它炖汤喝。在杀它的时候，它的四条腿使劲蹬，脖子伸得长长的，想咬妈妈的手。""我爸爸在杀鱼的时候，鱼的肚子都被剖开了，但它还在案板上翻滚。""人们在杀牛的时候，牛会眼泪汪汪地看着杀它的人，好像哀求不要杀它，因为它想活下去。"……会场上鸦雀无声，我听到自己那沉重的心跳声，为孩子们口中那"血淋淋"的现实。我知道，这位老师的目的是想让学生通过描述自己所看到的一些现象，感受到即使是很小的昆虫、很卑微的动物，也渴望生存，以此说明生命力的巨大。这一环节的设计并没有什么问题，问题是学生所说的内容都是"血淋淋"的，而老师没作任何引导。我虽然知道这位老师设计这一环节的真正意图，但不知道其他学生听了以后会怎么想。我没有机会交流，也不能听到他们真实的想法。但是，这些例子带给我的却是另一番感受，那扑棱的翅膀，那伸长的脖子，那痛苦的翻滚，那噙满泪水的眼睛，让我感受到的不是生命力的巨大，而是人类的残忍。我不能不反思：教学这篇课文，我们应该给学生留下什么呢？

王开东评析道："请帮助学生成为具有人性的人。否则，所有的教育非但没有意义，甚至还有巨大的反效应。"金马在《情感智慧论》里说："一流的情感、一流的智慧，一旦合流，常可导致光辉的人生；而一流的智慧、二流的情感，一旦合流，常可导致三流的道德、四流的奉献、末流的人生。"这说明了情感的重要意义，但金马明显少了一项思考：一流的智慧，一旦加上邪恶的情感，究竟会造就什么样的人生？愚蠢的恶魔并不可怕，智慧的恶魔，很可能就是人类的毁灭者。

二战中，无论是在德国还是在日本，许多优秀的科学家通宵达旦，研制出了大量的杀人武器，火炮、导弹、核武器……这些杀人武器，助长了法西斯的嚣张气焰，提高了法西斯的杀人效率，强化了独裁者的政治野心，给人类科学史留下了耻辱的一页。因为，他们的每一项科研成果，都滴着血和肮脏的东西。渊博的知识，高超的科技，不但没有造福人类，却打开了撒旦的魔瓶，让罪恶肆虐人间，科学家直接沦为法西斯的杀人工具。历史的教训不可谓不惨痛。

当纳粹党横行德国之时，爱因斯坦逃到美国。当他得知德国科学家正在进行核子裂变产生能量的研究之后，就立刻上书罗斯福总统，建议赶紧研制原子弹，防止希特勒抢先研制出威力无比的大杀器。在爱因斯坦的建议下，1945 年，美国曼哈顿计划获得巨大成功，奥本海默带领科学家率先研制出了原子弹。当蘑菇云在日本的广岛和长崎上空升腾，数十万平民瞬间灰飞烟灭，爱因斯坦痛悔万分："提议研制核武器，是我一生中最大的错误和遗憾。""早知如此，我宁可当个修表匠。"此后的爱因斯坦成了一个反核人士，还和罗素一道发表了反战宣言。但战争机器一旦启动，政治家岂能听从科学家的呼吁？

比如，在日常教学中（尤其是文科教学）内含着一种非常简单而幼稚的逻辑，那就是"学了伟人，我们就要以之为榜样，然后大唱赞歌、大表决心，唯有这样才算是真学了"。问题是，这些"赞歌与决心"常常是外在的成人的预设，很少是学生们在阅读中发自肺腑之言。久而久之，我们的课堂就沦为"假话、套话、空话、大话"的训练营。道德训诫、道德教条、教义问答铺天盖地，仿佛不如此就不足以体现情感、态度、价值观方面的教育，不足以坚持教育的正确方向。杜威谈到，知识没有和寻常的行为动机与人生观融为一体，道德就变成道德说教——成为各自独立的德行组合。这种关于道德的课，使道德变为一种事不关己的外在的知识。"学校培养不出合乎德行的品性，培养出的只是一种虚伪的道德外表，一种令人生厌的、外来的文化皮毛，和一些专务世俗虚荣的眼光与手脚。"为了守持一种更适合的"价值引导"的方式，在课堂观察中还应该关注是否以"狭隘的道德主义""虚伪的道德说教"来替代"正确的价值引导"。

2. 教师的课堂行为

教育者一直都在期待学生不启自发、不教自学。然而，这只是一个最好的教学理想。日常的教育教学生活，基本上是由教师的教引发学生的学。现代教学提倡“以学论教，以教导学”的理念，但仍然不能忽视教师的教学行为对学生学习生活质量的影响。观察者要细心地观察教师在课堂教学中的一言一行，认真揣摩其内心深处的想法。从其行为中细加剖析：教师的教是顺应了学生的学，还是阻碍了学生的学？教师的教是激发了学生的学，还是控制着学生的学？教师的教是否转化为学生的学？教师的教是否引发了学生更深入的学？教师的教是否激发学生更投入、更持久地学？……施良方先生主要是从“主要教学行为策略、辅助教学行为策略、课堂管理行为策略”来分析教师课堂教学行为：“这要求一种指向孩子的独特性的感知和聆听，运用多种视角和思考方法来试图获得对孩子的教育理解。”马克斯·范梅南先生认为，教学机智必须通过言语、沉默、眼睛、动作、气氛、榜样等来调和。课堂观察可以通过以下几个方面来审视教师的教学行为。

（1）言语

著名的特级教师支玉恒先生说，课堂教学语言应该是什么样的语言？大家都知道，教师的教学语言应该清晰准确、通俗易懂、亲切生动、有情有趣，富有启发性、教育性和感染性。从教学实践中我们也能体会到，最好的教学语言是口语化的语言。口语生动自如、亲切易懂，学生有亲近感，教师也便于操作，我对此深有体会。不过有人嫌口语太平常、不精彩，于是备课时就把课堂上要说的话全部预先设计好，课堂上再一句句地背给学生听。但背出来的全是书面语，学生听了或许觉得句句精彩，但有一种疏离感，甚至听不懂。也有的教师确实有深厚的语文素养，有丰富的语言积累，但他们嫌口语缺少诗意，有失文雅。也有的教师本来就缺乏语言修养，但又不愿显出“平庸”，甚至不惜生造词语，语言半文半白，含混不清，学生只能瞠目结舌。凡此种种，都是为了创造课堂上的“精彩”，用意虽不错，但效果可能适得其反。真正有效的教学语言，还是规范的、亲切自然的口语。例如，于永正老师一向采用口语教学，课堂效果出奇地好。

语言是思想的表现，是心灵的流露，是情感的投射。甚至可以这么说，一句话就是一颗心，一个词就是一份情。苏霍姆林斯基提出：“人的行为举止反映在话语上，甚至在眼神里都能表现出来，话语与心灵息息相关。话语可能是含情脉脉的亲吻，又能成为喷放芳香的小花，它可能是使人复活的圣水，又可能是插入心间的一把尖刀，它既是烧红的一块铁，又像是一桶冷水……”在课堂教学中，语言是一条无所不在的溪流，浇灌着学生的学习生活与精神生活。从提问到评价，到引导，再到反馈，每个环节基本上都是以语言为主要工具来导引的。苏霍姆林斯基甚至用25年的时间关注教师的语言素养。他曾经去听一位教师的课，观察孩子们怎样感知教师对新教材的讲解，发现孩子们听后很疲劳，下课时简直是筋疲力尽了。于是，他开始仔细听教师的语言，连听几节课，并逐字逐句地把教师的讲解记录下来，在校务会议上读了这些记录。结果引起全校教师的普遍关注，于是他们持续追踪记录不同学科、不同教师上课的语言，并进行认真的分析。经过大量的课堂观察，苏霍姆林斯基提出：“我们日益明确地认识到：教师的语言修养在极大程度上决定着学生在课堂上的脑力劳动的效率。我们深信，高度的语言修养是合理地利用时间的重要条件。”

在观察教师课堂用语时，应从如下方面来考虑。一是语音的问题，即咬字吐音要清晰，力求标准。二是语速问题。一般而言，一分钟250～300个字，慢时要舒缓有节，快时要干脆紧凑。三是语调问题。在上课时注意语调的配合。自始至终只用同一个语调，就是在制造一种单调而乏味的情境。马卡连柯在分析教育工作的技术时指出，他是在学会了用15～20种语调说出“走过来”这句话，学会了在面部、体态、声音上表现出20种不同的情调之后，才成为真正的教育能手的。课堂语言不能如直线般直来直去，而是如同曲线一般波澜起伏，有波折与韵味。四是语态问题。赞科夫认为：“要知道，由活的人所说出来的话，不单是靠它的内容来激发对方的思想和感情的。这里有交谈者的一副兴致勃勃的面孔，有一双忽儿在科学的丰功伟绩面前燃烧着赞美的火光、忽儿又好像在怀疑所作的结论的正确性而眯缝起来的眼睛，有表情，还有手势……”苏联著名的教育家阿莫纳什维利在《孩子们，你们好》一书中提到他是怎样练习“孩子们，你们好”这句话的：“怎样说‘孩子们，你们好！’是一个重要的教育学问题，而对我个人来说，在这一时刻更重要的是要掌握说这句话的语气和面部表情。因为我所遵循的箴言是：如果我力图显示出自己对儿童的真正的爱，我就必须以最完美的形式去显示它。”五是手势语的适当配合与协调。在某种意义上可以这样强调：“宁可张牙舞爪，不可呆若木鸡；宁可眉飞色舞，不可纹丝不动；宁可笑容可掬，不可冷若冰霜。”有位老师说：“一动不动，你的表达是毫无情感，状如木偶，字字句句生硬呆板；一只手在动，意味着表情的坚冰开始融化，有了交流的意识；两只手都在动，说明语言追随着手势的节奏，动作与思维相互应和；两只手与面部表情合奏自然、和谐共进，就意味着内心的敞亮，每字每句就会自然得体，只有这样，才能感染人、打动人……”同时，眼神的交流至关重要，不能目中无人，不能目不转睛盯在一处，目光不能闪烁或游移不定，要自然地扫视与移动。这些要与所有的言语自然交融在一起，才能产生意义与作用。

此外，还要考虑语言本身的品质，即语言的准确、流利、生动、个性化、艺术化、感染力、丰富性。而现实中，大多数教师缺乏对言语的细致关注及修炼。他们词汇量贫乏——颠来倒去就是那几个词，一表扬就是“好、棒、不错”，一批评就是粗野不堪……在句式方面则是简单呆板，细细分析，每节课不外乎“把书本翻到第××页”“要认真听讲”……指令式的、强制性的表述贯穿始终。苏霍姆林斯基在一次调查中发现，那些成绩不佳、智力迟钝的学生大都是来自没有藏书的、平时只用了四五百个词汇与人交流的家庭。我们的课堂确实缺乏有质量的、高品位的语言。教师的陈词滥调让孩子们听而生厌、听而生畏。表达的单一与呆板可能导致学生思维的懒惰及萎缩，其智力经常处于休眠状态。所以，我们可敬的苏霍姆林斯基先生甚至提出了“词语的教育”，他说："学校应当有一种高度的语言素养，有一种对词的高度敏感的气氛，一个说错或者写错的词，不仅教师，而且是学生，听起来都会感到它不谐调，就好像一个具有高度音乐听觉的人，听到一个错误的音符时感到那么不入耳一样。"

每一句话，不是从口腔发出，而是从心里发出。每一句话都要沉到内心，带着心跳的节奏与血液的温度，只有这样才能创生出一种沸腾的精神生活。所以我们要有意识地观察教师的课堂用语。比如，句式是否丰富多变？语速是否缓急协调？语调是否错落有致？整体感觉是否抑扬顿挫、让人玩味？语言是心灵的摇篮，每一句话从某种意义上都承载着一颗心，或关心或不关心。著名的翻译家傅雷告诫儿子傅聪说："在你的日常会话中，就得润饰一个，选用比较多样化的形容词、名词及句法，尽可能避免冗赘的字眼及词句，别毫无变化地说'多妙'或'多了不起'……使你的表达方式更多姿多彩，更能表现出感情、感觉、感受及思想的各种层次，就如在演奏音乐一般。要是你不在乎好好选择字眼，长此以往，思想就会变得混沌、单调、呆滞、没有色彩、没有生命。再没有什么比我们的语言更能影响思想的方式了。"语言是对人的思想、情感、素养的真切反映。语言的丰富体现出了心灵的丰富，语言的自由展现出思想的自由，语言的美好展示出精神的美好。

我曾听过一节课，那位老师是借班上课。记得那天课前谈话时，漂亮的女老师自我介绍："我姓张，同学们叫我张老师好了。"她边说边在黑板前写下大大的"张"字。突然，有个男生很兴奋地说："啊，我也姓张。"张老师转过身来，面带微笑，随口回了一句："你很荣幸，跟老师同姓。"

在后来的研讨课中，针对这一细节，我委婉地提出："老师如果能换个角度说'老师很荣幸跟你同姓'，就能体现老师对学生的尊重。"同样的一句话，调换一下顺序，效果却是如此的不同。原由在哪里？如果你是把学生当作成人一样平等对话，你就不会这样说"你很荣幸，跟老师同姓"。当然，这是老师一时的口误，但口误更说明了老师在潜意识中存在着"成人主体，教师主体"的思想观念。

课堂教学中诸如此类的语言、行为习惯从某种程度上阻断了师生亲和融洽的交往互动。而这种“你与我”之间的生命的互渗互融一旦中断，就意味着教育作用力的中断与阻隔。

孙红芹在课堂观察中提出教师要多传递“我信息”。而课堂中却充斥着这样的话语：“你最好不要在教室里乱扔废纸，否则……”“你整天只知道玩，成绩怎么会好？”……几乎每个学生都对这样的语言耳熟能详。仔细分析这些语言，我们就会发现它们的共同特点——主语全是“你”。这些语言无一例外地向学生传递了这样的信息：我不能接受你的行为，你必须按照我的话去做。美国著名的心理学家托马斯·戈登博士将此类语言定义为“你信息”语言，其带来的负面影响显而易见。

“你信息”语言的频繁使用，割裂了教师与学生之间的联系，它使解决问题的信息只涉及学生，而从来不涉及教师。学生们无法知道自己的行为给教师带来的影响，从而无法体会和理解教师的真实想法。他只知道教师让他必须在某一方面改变自己，而并不明白为何要改变。长此以往，学生会对教师作出诸如顽固、保守、专横、不公平、冷漠等错误评价。这种评价无法激起学生对教师健康和幸福状态的关心。相反，他们用反抗、报复、说谎等计谋来反击教师的教育。如此失衡的关系将直接阻碍学生的健康发展。

“我信息”是与“你信息”相对的一个名词，戈登博士也称其“负担责任的信息”。所谓“我信息”，主要包括三个部分：客观描述所发生的情况或学生的行为，不作任何评价和判断；讲述第一部分中的具体行为给老师造成的有形或具体的影响；准确传达教师内心的真实感受。我们来看一个简单的例子。你信息：你最好不要在教室乱扔废纸，否则……我信息：当我看到教室里满是废纸时，就没劲上课了，我的心情变得就像地面一样糟糕。

“我信息”发出，本着为学生发展的理念，承认学生有自己的喜怒哀乐，同时也具备体验这些情感的能力。当教师运用“我信息”语言向他们敞开心扉的时候，学生们会感到教师就像他们一样，是一个平凡的人、一个真实的人，并非想象中的高高在上，从而会建立内心的安全感，进而愿意分担老师的忧愁，积极投入问题的解决过程中去。

“我信息”发出，老师就不再是置身问题之外，而是与学生共同来承担解决问题的责任，并且承担对学生开诚布公、进行自我评价的责任。这样能使学生产生被尊重和信任的感觉，促使学生为自己的行为负责，同时避免了“你信息”带来的消极影响，让学生自主地认识到问题并解决问题。“我信息”发出，向学生传递出平等交流对话的信息。

（2）动作

在特级教师魏书生所教的班级里，有些手势由于使用率高，便成了习惯性暗号，只要魏老师稍稍打个手势，学生马上便会明白。有一次，百余位老师在他们教室里听课，一位发言的女生声音太小，魏书生便向她做了一个手势，她的音量一下子大了许多。老师们感到奇怪，课后特意问他：“怎么你一比划，她的声音就大了那么多呢？你也没有说什么呀！”魏书生笑了：“不用说什么，我刚才打的是扭动电视机音量开关那样的手势，而这是我们班规定的提高音量的暗号。”老师们听了魏书生这样说，才恍然大悟。说起来，这个手势并没有什么特别，可让魏书生拿到课堂上一用，就平添了不少趣味。

教育即是人与人之间的接触与影响，动作意味着思想与情感的直接实现。通过动作间的相互交融，可以将课堂教学生活和教育的意义、作用连接在一起。有人曾对语言行为传递信息的效果进行过分析，最后得出一个十分有趣的结论：课堂信息传递的总效果等于7%的文字加38%的有声语言加55%的态势语言。由此可见，态势语言在课堂讲授中发挥着重要的作用。因此，教师在教学中要正确运用态势语言，以增强教学效果。教师的动作对于课堂学习的重要性是显而易见的，它在调节课堂教学节奏、传递教育意义、营创学习氛围等方面都起着不可低估的作用。美国心理学家布鲁克斯说：“教师对本学科的酷爱所表现出来的富于感染力的激情，在很大程度上要通过体态语言显示出来，专心致志、津津乐道的教师，体态总是微微向前倾，面部表情丰富多彩，语气热烈而富于激情。”

我曾经观察了某老师一节课的教学片段，她上的是《手捧空花盆的孩子》。在课中出现了这样的情况：她一边低头去找挂图一边说话："是啊，国王规定的日子就要到了，你们看其他的孩子……"学生们眼巴巴地望着她，她找到了挂图，把它贴在黑板，又接着说："其他的孩子怎样呢？"这样的动作意味着什么呢？教师全部的心思指向的下一个环节应该是什么？这很显然就会导致学生学习的中断。

苏霍姆林斯基在《帕夫雷什中学》中写道："要知道，教育是一种十分细致的精神活动。我要把教育者对受教育者的影响，同音乐对人的影响相比拟。"列夫·托尔斯泰写道："对精神活动强施影响，无异于去捕捉阳光，不论用什么去覆盖，它总还是在表面上。"跟许多教师的谈话仍在我记忆之中，其中有一些在我心中留下了愉快的印象，有些则是不愉快的。有一次，在五年级一个班上检查家庭作业，女教师叫了一个学习成绩比较差的学生来。教师对这个学生造的一个句子感到不满意，她一句话没说，只是挥了一下手。这个孩子却为此哭了一晚上……随后，我找这位教师谈话，向她说明，她这一挥手反映了她的教育观点——对待学生态度冷漠，不相信这个学生能做出什么好事。

有一所乡村小学邀请一位特级教师来讲一节公开课。特级教师来了，她要求随便走进一间教室。谁也没有想到，她进了一个全校闻名的后进班。上课铃响后，所有听课的教师都进了教室。这间教室的讲桌上散落着乱七八糟的粉笔，桌面上铺着一层白乎乎的粉笔灰。特级教师用目光巡视一周后，迅速收拾好桌上散乱的粉笔，然后走下讲台，转过身去，面对着黑板，轻轻吹去了桌上的粉笔灰。片刻的鸦雀无声之后，教室里响起了一片掌声。所有的听课教师和学生用掌声给她的开场白打了一个最高分。

诸如此类的教师的动作看似微不足道，然而，正是这些细碎的动作行为交织成学生智力生活的心理环境与生命背景，而且强有力地影响着学生的学习心理与学习品质。我们在课堂观察中要关注教师的一举一动，从动作中看到活的"教育学"。

（3）眼睛

哲学家认为，眼睛是灵魂的出入口，通过眼睛，人与人可以进行灵魂的交流，人可以与世界进行“物我合一”的精神交往。眼睛是心灵的窗户。同样，眼睛也是课堂学习生活的窗户。透过眼睛这一扇窗户，我们可以观察到许多教育教学的奥秘与真谛。教师与学生之间通过眼睛可以进行真正的心灵对话。马克斯·范梅南先生说：“老师和学生相互阅读着脸上的表情和眼神，去理解什么东西重要、有趣、干扰人、感人、令人厌烦、激动人心、让人心中不平静。通过他们的眼神，成人和孩子立刻就达到了一种理解。”教师与学生间的真实的互动、生成就是通过眼神的一往一复、交相传递得以激发与实现的。从某种意义上讲，教师的目光是一部丰富的教育学。有人说，一个用温暖和支持的目光机智地鼓励孩子的老师必须要有对孩子的温暖感情，这个老师必须成为他或她所传递的目光本身。

课堂教学观察中，应着眼关注教师的教学有没有使孩子的眼神更明亮、更富有光泽、更灵秀。教师是否将课堂生活的关注点放置于对学生眼神的变化中。从眼神中读到的含义可以胜过千言万语。

我曾观察一位教师上课，这位教师上的是《太阳》这一课。教师在引导学生读懂课文的主要内容后，让学生们重点默读第一自然段，学习关于太阳特点的语句，特别是找出说明太阳远的句子来，并说说文中用了什么说明方法。当教学指令下达之后，老师就开始慢条斯理地巡视着，从第一组到最后一组，来回踱步。不一会儿，有的学生已经完成了任务，他们纷纷举手，耐心地等待着教师前来评点。教师似乎不在意学生们是否做完，她依然悠然自得地按自己的节奏与步伐有序地巡视着。还没做完的同学见教师站在旁边，不由自主地抬眼看看教师，有的迅速捂着课文不让教师看。最后一组最后一排的一个穿红衣服的男生举手已足足等了两分钟了，教师从第一组的座位上直起身时，他眼睛一亮，把手举得更高。可惜，教师还是没觉察到，他又把手端端正正地支在课桌的右上角，眼睛追随着教师的身子，教师终于来到了他的前桌旁，这里几个人中只有他举着手，其他的学生还在埋头苦写。我心想，这时教师一定会去看他的作业了，没想到老师还是看了看几个还没做好的学生，教师还是没注意到他。他终于有点沮丧了，把眼睛转向窗外了。教师进行课堂巡视的目的是为了了解学生的学习情况，并有针对性地进行因材施教，真正做到关注每一个具体的个人。但巡视时不努力做到耳听八方、眼观六路，按部就班的出行可能未必能收到良好的效果。在课堂教学中通过关注每一位学生，用眼神让每一位学生真切地感受到教师对他个人的重视，这是教育教学成功的关键。

欲建立师生之间良好的默契关系，在交谈过程中，教师应用60%的时间注视着学生，注视的部位是两眼和嘴之间的三角区域。

钟启泉教授在《教育机智：教学艺术的核心要素》中提出，谁都会承认，构成教师的“教学行为”的“一连串影响”的体系中，最初步、最常见的一种就是用“眼神”同学生“交谈”。那么，何谓“眼神”？它不是指“眼睛”。日本教学论专家吉本均教授认为，区分“眼睛”和“眼神”对于初上讲台的教师来说是极其重要的。眼睛有眼睑、眼球，是作为视力可以客观地测量的器官。眼神则是不能测量的，它是共鸣、微笑、表情，是精神的表现。只有当教师不是借助“眼睛”而是借助“眼神”——共鸣和微笑的表情——同学生交谈时，学生才会体验到同教师融为一体。这样看来，“眼神”可以说是最基本却又是最高级的教育力。

（4）沉默

读沈彦老师写的《一分钟沉寂》时很有感触。文章如下：

那次，我应邀参加他所在中学的教学观摩活动，之前，听人说过他是这所学校最富经验也是最受敬重的一位老教师。

在观摩课上，台上老师谈吐自如，台下学生应答自如。引导、点题、穿插，再加上一些现代化教学手段的应用，使那堂课进行得严谨而又浑然一体。

接下来是随意提问。被点到的学生大多数回答得很好，老师稍一点拨，精彩的答案就顺口而出。当他点到一个学生的时候，一个胖乎乎的女生站了起来，站起来时身子似乎在微微颤抖，脸红红的，却不说话。教室里一下子静极了，分明能听到每个人的呼吸声。大家的目光都聚集在她身上，只见她的喉头动了动，仍没发出声音来。一堂优秀的公开课因此而略显瑕疵。然而老教师并没有马上让她坐下，以结束这个尴尬的场面。

时间在一秒一秒地过去，就在我们感觉几乎要窒息的时候，那个女生好像镇静了一些，缓缓地开口了。大家松了一口气，她一字一顿地回答刚才的提问，回答得竟非常到位。老师很满意，点着头，给了她一个温暖的微笑，然后让她坐下。

后来，谈起课堂上的这件事，老教师说："她有些轻微的口吃，生活在自卑的阴影里，以致形成了胆怯孤僻的性格。她是个女孩子，自尊心就会更强。是的，在这样的观摩课上，谁也不想出现这种情况。但是，在当时的情况下，她一定很着急，越是着急，越是说不出话来。然而，恰恰是这样一个场面，对她很重要，如果我断然让她坐下了，她失去的将是面对大庭广众开口说话的信心和勇气，比起我的课来，一个孩子的成长似乎更重要。所以，那一刻，我宁愿为她等待一分钟。"

能像这位老教师那样，细心呵护一颗怯弱的心灵，是对生命尊严最真挚的仰望。尊严无价，面对他人脆弱易碎的尊严，有时无声的呵护更胜过千言万语。比如，那沉寂的一分钟，那一份爱。

我们对沉默的需要如同对思考的需要，如同对表达的需要，也如同对空气的需要。沉默，往往使师生更沉静地思考语言背后的意义，同时学会透过纷杂的语言表象探寻心灵的本质。帕克·帕尔默在《教学勇气——漫步教师心灵》中谈到："沉默为我们提供了一个机会反思我们所说过的话和听到的信息，而且沉默自身也是一种表达，是从我们自己、从其他人、从这个世界的最深处呈现出来的表达。"心理学家指出，一个典型的群体可以忍受15秒钟的沉默，然后才会有人觉得需要通过讲话来打破紧张的气氛。在真正的教育中，沉默是适合更深层次学习的一种媒介……课堂中的沉默，许多人都视而不见，甚至认为沉默是浪费时间。其实，有些沉默是有意义的、必要的。在课堂观察时，我们要统计一节课什么时候沉默、为什么沉默、沉默的时间是多长。我们要观察分析沉默的意义是什么。比如，是对抗性的沉默还是冷漠性的沉默？是积极的沉默还是消极的沉默？是因思考而沉默还是因内心感动而沉默？

是因无助而沉默还是因尴尬而沉默？……上课教师有没有读懂沉默的含义？是如何应对沉默的？这种应对是支持、促进学生的学习，还是阻碍、打断学生的学习？……

（5）榜样

教育教学最深刻的影响，许多时候不仅仅来源于教师的知识、技能，更重要的是教师本身的榜样作用。教师是学生心灵生活、精神生命的镜照。许多学生都在不知不觉间“翻译”并部分地复制教师的生命形象。正所谓：有其父，必有其子；有其师，必有其徒。美国著名的教育家布鲁纳认为：“教师不仅是知识的传播者，而且是模范……教师也是教育过程中最直接的有象征意义的人物，是学生可以视为榜样并拿来用自己作比较的人。”课堂教学是生命与生命的相遇，是用智慧培育智慧，用人性点燃人性，用善良培植善良，用生命启发生命。教育学就是“人”学，而“人”学则必须通过向“人”（心中的榜样）来学习。也就是说，教学不仅是教“学”，更是教“人”。同样，教师不仅是以“学”来教，更是以“人”来教。福建著名的特级教师陈日亮就提出“我即语文”，即教师以自身的人格修养、文化修为、思想风骨、学识才情作为一种范本意义，作为熏陶感染学生的内在源泉。北京著名的特级教师华应龙指出“我是数学”，他以自己的文化底蕴、生命体验、智慧理解行走于课堂教学之间，学生们在潜移默化中自然而然获得提升与发展……正如张齐华老师在《好课是从心灵深处流淌出来的》中说的：“一堂成功的好课，往往不是教师教学技艺与技巧的简单叠加与拼凑，而是其多年学识、功底、经验、技巧、智慧、个性乃至人生阅历等在特定教育情境下的一种自然勃发与流淌。”就是从这个意义上讲，教师就是课程，而且教师是最深刻、最具有影响力、最为内在的课程。斯腾伯格发现，成功智力的第三大障碍是缺少榜样，具有成功智力的人一生中常常有一个或几个对他极具影响的人，帮助他充分发挥潜力。这告诉我们，帮助学生确立行动的榜样要比传授知识和宣讲道德更重要。在课堂观察时，我们要关注教师的范本意义何在。比如，教师的一言一行、一举一动是否体现出积极的教育意义？在人文素养、教育素养、学科素养等方面是否堪称学生的表率？在思维过程中，教师有没有显示思维过程的榜样？

叔本华的朋友格温纳讲述了他第一次见到叔本华时的印象："叔本华破坏了自己定下的原则，那就是不掺进个人的东西，因为叔本华谈得越深就越变得个人化。我第一次听他说话时，还是很年轻。我坐在离他不远处吃饭，但那时并不认识他，也不知道他是谁。当时，他正在演示逻辑的基本知识。我还能回想起当时的他给我留下的奇特印象：他讲述A＝A时的情景，脸上的表情就像是一个人谈论着自己的恋人。"说话者能否对自己所说的内容与思想有足够的热爱与痴迷？作为教师，能否传达出自己对所教知识的一切深情与痴心？

已故学者程千帆教授的回忆录《桑榆忆往》记述了20世纪三四十年代几位文化名人教书育人的故事，特别吸引人。他回忆胡小石老师课堂教学的情景让人神往。古文字大师胡小石，非常注重对作品的"会心"与感悟，侧重于启发学生独立思考，极善于培养学生的自悟能力。有一次，胡先生给学生讲柳宗元的一首七绝诗，讲着讲着，就捧起书吟诵起来，念了一遍又一遍，计有五六遍之多，然后把书一摔，说："你们可以走了，我把什么都告诉你们了。"程千帆对此事的印象特别深刻，认为胡先生是用自己的心灵去感悟古人的心灵。

（6）管理

课堂教学管理的质量是影响课堂教学质量的重要因素之一。善于管理的教师，课堂教学秩序井井有条，学生学习目的明确、学习任务清晰、学习效果明显。相反，不善于管理的教师，课堂教学混乱不堪，学生目标不明、学习散漫、效果较差。所以，在某种意义上讲，教育教学能手首先应该是课堂教学管理的能手，这也是教育教学中的一条金科玉律。课堂管理一般而言是通过管理规则（即课堂常规）、课堂纪律及师生的行为共同得以实现的。有研究表明，教师课堂管理成功的关键有以下几点：共在——让学生知道教师随时随地都是与他们"共在"的；兼顾——有效率的管理者在必要时会同时做几件事；上课的连贯性和兴致；课堂作业的多样化和挑战性；等等。

在进行课堂观察时，重在观察：班级是否建立了课堂教学常规（如倾听的规则、思考的方法、发言的规则、作业的要求、小组合作学习的规定等)？学生们是否清楚？教师如何有效地调控课堂教学节奏？如何有效地做到面向全体与个别教学相结合？教师如何解决课堂冲突？教师如何解决学生课堂走神问题？教师如何通过语言、动作、表情等来调控课堂教学？……

有位老师在课堂观察时记录并交流了这样一个案例：A老师这个学期要教B年级四个班级的“品德与社会”。今天下午第一节有A老师的课，第一通铃声响后，A老师夹着教科书大步流星地跨向C班级教室。也许是C班级学生没有听到铃声，或是C班级的学生还被午间有趣的游戏吸引，或是C班级的学生根本就不想马上上课，所以教室里有站的、有坐的、有跑的、有拉扯的、有说笑的……一句话，喧闹不亚于自由市场的早市。A老师站在门口许久也没人注意，于是A老师径直走进教室，站在讲台上，他默不作声地站着，用他那犀利的眼神注视着班里发生的一切。10秒钟，跑的学生回座位了；20秒钟，站立的学生坐下了；30秒钟，拉扯的学生停手了；40秒钟，说笑的学生缄默了；50秒钟过去，学生们停下一切活动，开始端坐着，目光投向讲台上的A老师。这时，教室里寂寥无声。A老师深深地吸了口气，咧嘴笑了，目光变得柔和了……

有的时候，管理不需要用语言厉声喝止，只需用眼神，默默等待就行。

（三）课堂生成的状态

课堂教学是一种生命的互动与特殊的交往过程。师生间交往互动的质量与状态决定了课堂教学的质量与品位。《基础教育课程改革纲要》指出，教师在教学过程中应与学生积极互动、共同发展。课堂教学是师生之间互动交流的生成过程。没有互动，课堂就缺乏生动，缺乏灵动，课堂就死气沉沉，成了一潭死水，静止不动。传统的课堂教学往往是教师单方面地进行传输，忽视了学生的回应，更忽视了学生间的相互交流。日本著名的教育家佐藤学先生提出，学习不是一个个体孤立的行为，而是与自我对话、与他人对话、与自然对话、与社会对话的过程。美好的课堂应该是“杂花生树，群莺乱飞”，应该是“山鸣谷应，音韵谐和”。叶澜教授认为，教学过程是多向互动的过程。这里的互动，不只是指教师与学生之间“一对一”或“一对多”（全体或小组），也包括学生个体和群体、小组之间的各种教学活动。这是一种人人参与的网络式互动，作为网络节点的每个人，既是信息的接受者，又是重组者、传递者和生成者。师生在课堂教学中的角色处于多元变化之中。只有师生互动生成，才有教学相长，才有教学相乐。不关注师生的互动生成就是人为地割裂了教与学的血脉关系。这种割裂造成教师教得盲目与茫然，学生学得困苦与低效。课堂观察应立足于观察课堂教学中教与学是否相互促进。戴维·伯姆在《论对话》中这样写道：“对话仿佛是一种流淌于人们之间的意义溪流，它使所有对话者都能够参与和分享这一意义之溪，并因此能够在群体中萌生新的理解和共识。”在课堂观察中，特别重要的是要关注教学中师生互动生成的状态。

1. 有没有生成新的知识

课堂教学不是一成不变地教授预设的教案。教育教学在承载传承知识功能的同时，也在不断地创生知识。没有意想不到的新知，没有意想不到的学习成果，课堂就永远缺乏生机与活力。生成新知，才有新的好奇心、新的推动力、新的探索欲求……生成新知，既是师生在交流互动中生成的超出本节课的知识，但同时又是与本课或课程目标关系紧密的知识。在观察时，着重要关注的是：师生有没有提供超出本节课的新知？这些新知对后续的学习或拓展性学习有何意义与价值？当新知与学习的知识点关系不大或毫无关系，这样的生成可能是“节外生枝”，在课堂教学中教师如何及时引导学生进行“修枝剪叶”？

比如，我曾观摩过一位老师上《捞铁牛》一课。《捞铁牛》一文介绍了怀丙和尚利用水的浮力巧妙地捞起了沉在黄河中的八只大铁牛。在教学中，老师提出了一个问题："从哪些地方可以看出怀丙和尚是一位出色的工程家？"学生们各抒己见，老师也频频点头。突然，一位学生举手说："老师，我发现一个问题。""什么问题？""插图和课文内容有点不相符。"全班学生都很惊讶地望着他。老师先是一愣，但马上灵机一动，问："你的理由呢？说给大家听听，好吗？"那位学生说："课文里写'和尚请水手们一起动手，把船上的泥沙都铲到黄河里去。'可插图上画的是两只大船空了，三只小船上装满了泥沙，这就说明大船上的泥沙没有铲到黄河里，而是铲到了三只小船上。这样既利用了水的浮力捞出了铁牛，又保护了黄河。我觉得这个方法更好。"他讲得挺有道理，老师向那位学生投去赞许的目光，学生们也报之以热烈的掌声。

再如，苏连英老师在上《她是我的朋友》一课时，对学生说："如果你的朋友遇到危险及生命的大事，你又无能为力时，千万不要意气用事、盲目救人，而要想办法求助于他人，否则连自己都有可能白白搭上性命。"有许多老师认为不该对学生说那样的话。她反思后就写成《她是你朋友，救吗》一文。其实，这里还有一些文本没有揭示的知识，如急救与自我保护的知识。这对学生的生活来说难道不重要吗？难道没有价值与意义吗？

在这样的课堂中，教师与学生们所学到的，不仅仅是一篇短短的课文中规定的知识，还涉及更多的知识。

2. 有没有生成新的方法

为什么不少学生越学越累、越学越烦、越学越困难呢？原因纷繁复杂。从学生方面调查研究表明，不少学生越学越不懂得怎样学，是因为他们没有掌握正确的学习方法。在三维目标中，"方法"起着重要的活化作用：只有方法得当，才能获得知识，训练能力；只有方法得当，才能更好地理解过程、优化过程；只有方法得当，才能对学习本身产生积极的"情感、态度、价值观"。对学法指导的淡漠与忽视，使学生的学习生活处于一种"被动消极"的状态之中。俗话说得好："难者不会，会者不难。”因为不懂得学，所以学不好，无法获得学习本身的奖赏，学得不快乐。如此一来，造成恶性循环，导致学习动机不断衰减，学习的主动性不断丧失。教师要激发、维持和强化学生的学，在学法指导上不可不精心设计、用心培植。否则，学生的学习会陷入“越学越难”的困境，我们的教学就会事倍功半，甚至劳而无功。《学记》中说得相当明了：“善学者，师逸而功倍，又从而庸之；不善学者，师勤而功半，又从而怨之。”当然，这里的善学不是“生而知之”，而是“学而知之”，即是必须学习如何学习，只有掌握了好的学习方法，才能更好地学习。在进行课堂观察时，应重点观察：教师有没有渗透学法指导？学生们有没有学习方法的意识？学生有没有学到新的学习方法？

一位老师上《被缚的普罗米修斯》（人教版四年级下册）时让学生们概括文章的大意并说一说。教师板书：盗火、受罚、获救……然后说：“一个故事我们要用最简练的几句话来概括。”老师展示出了几句话，接着她让全班学生自由地读一读，又来了个齐读。这里的教学目标涉及什么？是概括文章的主要内容？还是学习概括文章主要内容的方法？也许，我们在教学中更关注学生学到什么知识，以至于忽略了指导学生学习方法，这实际上是教师不讲究方法，一味让学生用“死记硬背”的方式来对待一些知识。其实，知识背后的方法更为重要。

3. 有没有生成新的思维

课堂教学要有生命活力，其最重要的就是激活学生的思维状态。唯有如此，方能创造一种生动活泼、丰富多彩、热情沸腾的课堂教学生活。没有思维的冲击力，课堂的智力生活显得疲疲沓沓、了无生气；没有思维的突破，也就没有刻骨铭心的学习体验……日常教学生活中，我们对待学生的思维方式相当随意，而且，我们更多的是强调循规蹈矩、统一规划的思维方式，在整个教学过程中“不尊重差异，不鼓励不同，不倡导个性”。每个人的思维方式都有其不同，我们要珍视差异。杜威先生在《民主主义与教育》中谈到，如果这些差异由于所谓的一致性的利益受到压抑，如果企图使学校中的学习和答问都必须按照一个单一的模式，就不可避免地使学生产生心理上的混乱和矫揉造作，学生的独创性被逐渐摧毁，对自己的心理运作质量的信心被这种情况所造成的损害比过去整个社会受习惯信念的统治的危害更大。在进行课堂观察时，我们就要观察：学生有没有新的思维生成？教师有没有鼓励学生生成新的思维？课堂生活中如何通过师生的互动而生成新的思维？……

福州的陈老师在上骆宾王的《咏鹅》时，有这样的一个教学片段让人难以忘怀。她在学生们充分感知与理解这首诗的基础上，播放《四小天鹅曲》，让学生们闭上眼睛欣赏，接着请孩子们来说说他们想象到什么。孩子们大都说好像看到了小天鹅在跳舞……其后，她又放映小天鹅跳舞的动画，孩子们都陶醉了。不料，有位孩子举手提问道："老师，那《咏鹅》这首诗中到底有几只鹅呢？"这么一问，陈老师及听课的教师都出乎意料。怎么回答呢？陈老师稍皱起眉，然后微笑着说："对啊，老师怎么没想到呢？请大家想想，这首诗当中到底有几只鹅呢？"一个孩子说："老师，诗中有三个鹅。你看，里面讲'鹅，鹅，鹅'，有三只'鹅'字呢！"老师一听，说："不错，一数好像是三只啊！"一个孩子说："是一只鹅，里面的'鹅，鹅，鹅'是一只鹅在叫，是象声词。"老师说："嗯，有点道理啊！"另一个孩子则是说："有许多鹅啊，'鹅，鹅，鹅，曲项向天歌'是许多小朋友看到很多鹅，纷纷惊奇地喊起来'鹅，鹅，鹅'！"还有的学生则认为，看不出几只鹅，可能是一只，也可能是三只，也可能是许多只……如果陈老师面对课堂教学中这一意外情况当即封杀，那么，我们就无法领略到如此丰富多彩的想象力，也无法欣赏到孩子们多种多样的思维方式。

我曾观摩黄祥武老师上的老舍的《我们家的猫》（五年级）。黄老师在引导学生读好生字词并在自由读课文的基础上，问："课文内容知道吗？再读一遍，想想，课文写了几只猫？找出你的理由来，可以跟前面的同学交流！"一会儿，议论声起。然后，小手如林。老师请一位手举得最高的孩子问："你觉得课文写了几只猫？"他大声地说："两只猫！"坐在后面的一位学生大声嚷道："不是，是六只猫！"全班大笑起来。老师温和地请最先发言的学生来说明理由，他说："写的是大猫和小猫嘛!"教师会心一笑："哦，说得很有道理！那么你怎么说是六只猫呢?"后面的那个学生说："书中明明写着："贪玩的猫、抓老鼠的猫、古怪的猫……"全班又是一阵笑声，教师依然满脸微笑："是啊，我也觉得有很多猫啊!"一些学生在窃窃私语："只有一只猫啊!""课文中到底写了几只猫呢？大家众说纷纭，现在再认真读课文，想想，并说明你的理由!"……在这样的课堂中，教师并不急于将自己知道的和盘托出，而是随物赋形、随形造势，让学生们争论、思考。

4. 有没有生成新的价值

每一个文本都涵含着其独特的价值，同时，它又被赋予具有教育意义的主流价值。文本的开放性及个体体验的丰富性在不断地催生着新的价值。在课堂教学中，对价值的理解一般陷于两个极端：要么画地为牢，要么放任自流。画地为牢者常常大惊小怪、头脑僵化、冥顽不灵；放任自流者往往无是无非、混淆黑白、迷失方向。在师生与文本的互动生成中，我们关注的是有没有新的价值产生。这里的新价值，是对某种既有价值的超越，更是对虚无浮泛思想的驳斥。它是一种心灵的觉醒与生命的觉悟，因为这种独出已见的体悟，创生出丰富的价值，在日积月累中能组合成为一种更具普适意义的价值。

一位老师上《去年的树》（四年级上册）这一课。文章讲述了这样一个故事。鸟儿和树是好朋友，它天天唱歌给树听，将要飞回南方时，鸟儿答应了树的请求——还要回来唱歌给它听。可是第二年春天，当鸟儿飞回来找它的朋友时，树却不见了。鸟儿四处寻访，最后找到由树做成的火柴点燃的灯火。它面对着用朋友的生命点燃的煤油灯，唱起了去年的歌。教参中将本文主旨定为"信守诺言"，教师教学时也是遵循着"信守诺言""朋友情谊"来讲授。如此一来，就失之笼统。其实这是一篇内涵无比丰富的文章。在解读时，不能把开放的世界化为封闭的囚牢，把多元的时空变为一元的规训。在和另一教师交流时，他提出了这样的观点：树变成火柴实现了其人生价值；鸟儿的悲悼，树的伤逝，也是一曲环保的悲歌；此外，还有知音的难觅……联系具体的生活经历，融会自己的生命体验，对文本的开放价值作开放的探索，就可能有新的、切合生命意义的价值理解。

对于《父亲和鸟》这一课，教师们几乎都是把学生的思绪与情感引向“爱护鸟、爱护树林”，这是单线的思维与情感，也是“人类本位”思想在作怪。其实，我们还应引导学生去感受和体验“鸟与树林给父亲及我带来的快乐”，引导学生亲近自然、享受自然、学习自然，在自然中获得陶冶、获得熏染。

5. 有没有生成新的行动

我们的课堂学习基本上是以静止的文字为核心，更多的是对文字与言词的搬运与传递，而在这一过程中，我们时常忘却了文字中的“生活、生命与行动”等诸多特性。学生在学校所学的知识便孤零零地保存在其脑海里，并随着时间的推移而遗忘，所有的教育教学活动似乎限于课堂之内，学习的目的仿佛就是为了答题、为了记忆，以至于学以致用的道理不知不觉早已被抛之脑后。好的课堂教学应该是让人跃跃欲试，我们必须恢复学习的行动力，恢复知识的生活意义，恢复知行相资且相须的关系。陶行知先生指出：“不做无学；不做无教；不能引导人做之教育，是假教育；不能引导人做之学校，是假学校；不能引导人做之书本，是假书本。”扎实有效、对学生影响深远的课堂教学必然能够引导学生不断行动并不断生成新的行动。然而，有没有生成新的行动，有时在一节课之内是无法观察到的。那么我们要怎么来衡量呢？在课堂观察时应考察：教学有没有和学生的生活相联系？有没有和解决实际问题相联系？有没有提出一些实践活动？有没有反馈社会活动的结果？……

一篇题为《我发现了》的作文给我留下深刻印象。

今天，老师给我们上《马踏飞燕》这一课。我看着书上的插图，越看越不对劲。以前，我在电视上看到一匹匹飞奔的骏马，它们跑起来时，颈项上的鬃毛会向后扬起，而《马踏飞燕》这一艺术珍品却不一样，作者表现的也是骏马飞奔，可他却忽略了鬃毛这一点，《马踏飞燕》中的骏马鬃毛整齐，丝毫不像正在飞奔的马。我向老师提出了这个问题。老师和同学们听了都目瞪口呆，他们一定想不到我会指出闻名世界的艺术珍品的缺陷。老师高兴而又遗憾地对我说："你提得好！不过我们都不能给你完整的答案，你去图书馆找找资料，然后告诉大家吧！"放学后，我按捺不住好奇心，直奔图书馆，我翻了一本又一本厚厚的关于雕刻的书，可就是没找到。我看了看手表，已经快到6点了，就匆匆地抓起书包。准备回家时，又瞟了一眼书架，这一眼看见的东西就像一块磁铁似的把我吸引住了。一本《工艺雕刻难题》！我又放下书包，从书架上取出那本书，如饥似渴地看了起来。"太棒了！我找到了！"我高兴地大叫起来。回家后，我又认真地看了几遍，在重要的地方画一画，原来《马踏飞燕》的作者并不是忽略了鬃毛这一点，因为如果刻出扬起的鬃毛，就会使马的前半部分增加重量，那么马的身子就不会保持平衡，就造不出举世闻名的《马踏飞燕》，所以，作者只好忍痛割爱，把马的鬃毛刻得十分整齐，使马在整体上保持了平衡。第二天，我把我的发现告诉了老师，老师夸我是个爱探索的好孩子。我心里比喝了蜜还甜。从这次发现中，我懂得了一个道理：学习要善于发现、善于思考、善于探索，尽信书则不如无书。

读了这篇作文，我们无不为小作者击节赞叹，其敏锐的洞察力、可贵的勇气、不懈的探究、成功的体验都值得我们肯定。这正是开放的课堂给孩子带来的价值。细细寻思，从孩子的目光中折射出许多丰富的教育内涵。联系张中行先生对教育的看法，也许，能引发我们更深的思考。张中行先生在回答记者"什么是成功的教育"之类的话题时说："我想起了一个故事，德国的小学教科书说打败拿破仑完全是德国人的力量；英国的小学教科书说打败拿破仑是英国人的力量。罗素主张把这两种小学教科书放到一块儿让孩子念。有人就担心，说：'你这样让孩子信什么呢？'罗素说：'你教的学生他不信了，你的教育就成功了。'"成功的教育最重要的就是在培养一颗永葆怀疑精神的心，就是在培养一个学会独立思考的大脑。除此之外，我们还可以清晰地看到，教师的教生成了学生新的行动，学生不是照搬照抄、浅尝辄止，而是通过行动来深化学习。

6. 有没有生成美好的气氛

每一个课堂都拥有属于自己独特的气息、基调、气氛，就如同每一种乐器都有属于自己的音韵，每一种花都有属于自己的香色，每一首歌都有属于自己的旋律……这些常常成为课堂文化中最为深沉、最为深入人心的精神元素。学生的精神、气韵、胸襟、人生格局往往就是在这些基调中被不知不觉地熏陶而成。那么，这些似乎是“无形无影，无声无相”的气氛是什么呢?

赞科夫先生指出，恐惧心会麻痹人的正常的心理活动，如知觉、记忆、思维、言语等。一个学生在正常的状态下能够完全正确地回答问题，而在恐惧的状态下就会惊慌失措，变得愚笨。即使他脑子里有这些知识，他也可能连一句话都说不出，或者说得颠三倒四。一种普遍的现象，如同美国教师雷夫·艾斯奎斯形容的：“大多数的教室都被一种东西控制着，那就是‘害怕’……教师怕丢脸，怕不受爱戴，怕说话没人听，怕场面失控……学生更害怕，怕挨骂，怕被羞辱，怕在同学面前出丑，怕成绩不好，怕面对父母的盛怒。”雷夫·艾斯奎斯当了25年的小学老师，他班里90%以上的学生来自贫困家庭（大部分是移民家庭），但这些学生毕业时成绩却高居全美标准化测试AST前5%，品行也发生了惊人的变化，他们长大后纷纷进入哈佛大学、普林斯顿大学、斯坦福大学等名校就读。

一位小学教师教《就义诗》时，课堂上发生了一件事。一个学生朗读课文时，把“还有后来人”误读成了“还有后人来”。学生听了哄笑起来，教室里本来严肃的气氛没有了。怎么办呢？这时教师神态自若地问：“同学们，你们在笑什么？这位同学念的意思并没有错呀!”听老师这么一说，教室里顿时安静下来。她接着说：“‘还有后来人’意思是

‘还有接班人’；‘还有后人来’意思是‘还有人接班’。”这时，教室里鸦雀无声。教师又亲切地对大家说：“当然，意思不变并不等于说这位同学读对了。他之所以读错了，是由于没有看清楚的缘故。如果仔细看、认真读，就不会出现这种差错了。我们请他再为大家朗读一遍，好吗？”学生们听了鼓起掌来。这时，那个读错字的学生情绪更加昂扬地读了起来。

有的课堂气氛令人紧张，让人担心因出错而出丑，神经犹如绷得紧紧的琴弦一样随时都可能断绝；有的课堂气氛令人沮丧，无论如何都不能使人提起劲来学习；有的课堂气氛很喧闹，一节课从头到尾都令人烦躁不安；有的课堂气氛则是死气沉沉，毫无生机与活力，连一个微笑与波澜都不见；有的课堂气氛则是安静、深沉，思想的潜流与情感的激流交汇着……我们希望怎样的课堂气氛？毋庸置疑，就是与课堂情境相配称的、有助于促进学习的一种环境。

气氛是一种由物质环境及心理环境共同组成的生命场域或内在情境。在课堂教学中，氛围或气氛是潜在的课程，它对课堂教学生活的影响是潜移默化的，同时又是持久的。

教师的引导方式、对学生的期望、情绪状态以及师生关系是影响课堂气氛的主要因素。佐藤学先生提出：“首先看‘學’字的上部，其中间的两个‘乂’表示‘交往’的意思，上面一个‘乂’表示祖先的灵，也就是和文化遗产的交往，下面一个‘乂’表示学生之间交往的样子。那包着‘乂’的两侧，形为大人的手，意味着大人千方百计地向儿童伸出交往的双手，或者说，表示大人想尽办法支持学生在交往中成长。这就是‘學’字上部的结构，这一字体显示了对以儿童为中心的交往的支持。”美好的气氛就是支持“相互交流，相互理解，相互学习”的环境。如同罗杰斯提出的：“情感和情绪能自发地表现出来，它们并没有得到详尽的审查或者受到各种各样的胁迫；在这种关系中，深刻的体验——沮丧的和欢欣的——能被分享；在这种关系中，能冒险地采取新的行为方式，并且不断地加以提高。总而言之，他能接近于被充分理解和充分接受的状态。”这些取决于教师对学生的情感态度，对所教学科的情感态度，对教学本身的情感态度；同时也取决于学生对教师、同学及学习本身的情感态度……

曾经观摩过一位教师上《牧场之国》（四年级下册）一课，其中有一个环节令人深思。老师提出："荷兰牧场之国给你留下哪些印象？边读边画出句子来，找到的先在小组内交流一下。"过了几分钟，教师到各个小组了解学习情况。接着，教师提问："读了课文，谈谈荷兰给你留下的感受与印象。陈洁来说说。"陈洁同学说："辽阔无边的草原，洁白无瑕的云朵，花牛在嬉戏……"老师打断道："这是你的想象，你的印象是什么呢？用简单的字词来表示——"学生憋了好久说："朴素！"教师紧追不舍："从哪些句子可以看出来？"学生读："……老牛好似牛群的家长，无比尊严。极目远眺，四周全是碧绿的丝绒般的草原和黑白两色的花牛。这就是真正的荷兰。""这句话中我们可以感受到草原和花牛怎样？"孩子们久久没响应。教师说："你觉得美吗？"全班齐声说："美！"老师说："好！我们能不能试试把这种感觉读出来呢？"教师指名一位学生来读，然后请学生来评价。一位女学生说："他读得比较有感情，但是要读出'丝绒般'柔软的感觉。""哦！'丝绒般'柔软的感觉，要读得怎样？轻柔！好，你来读一读。"这位女生扯着嗓子大声地读这句话，与前一位学生比，说实话，读得还是比较呆板的。教师问："大家说读得好不好？"全班一齐说："好！""好，我们全班学着她读一读，齐读……""你还感受到了什么？"一个学生说："我感受到了草原的安然、寂静。"教师说："从哪些语句中可以看出？"这位学生读："车过之后，一切又归于平静，狗不叫，圈里的牛不发出哞哞声，马蹄也不踢马房的挡板，真是万籁俱寂。沉睡的牲畜，无声的低地，漆黑的夜晚，只有远处的几座灯塔在闪烁着微弱的光芒。""草原的安然与寂静应该怎么读出来呢？"一个学生说："轻轻的声音。"另一个学生说："轻快一点"！教师则接过来说："对，夜晚安静，轻快更能体现安静。好像我们不能去打扰这份宁静。好，我们换一种方式来读，小组赛一赛，看谁能读出安然寂静的感觉来。"四个小组分别齐读，书声琅琅，有时节奏不齐整，显得有点嘈杂。有些学生微微闭上了眼睛，像是很陶醉，读出了夜晚的宁静。教师说："第一组的同学读得最投入了。"但居然用齐读和比赛的方式来读出安静感，这多少有点不协调。

（四）课堂中互动的状态

1. 观察课堂教学中的"互相倾听"

课堂教学中，师生之间如果缺乏相互倾听，就会导致思维短路与视野褊狭。没有倾听，就没有真正的对话；没有倾听，就没有真正的学习；没有倾听，就没有真正的思考。佐藤学先生指出："应当追求的不是'发言热闹的教室'，而是'用心地相互倾听的教室'。只有在'用心地相互倾听的教室里'，才能通过发言让各种思想和情感相互交流，否则交流是不可能发生的。"只有真正关注课堂教学中的"倾听行为"，我们才能在教室里培育出一种"鼓励沉思默想，鼓励特立独行，鼓励与众不同"的精神理念。倾听就意味着期待未来无限的可能，意味着确证彼此的心灵世界与想象生活，意味着彼此敞开思想的时空。

观察课堂教学中互相倾听的行为，其一重在考察课堂教学对话中双方是否有足够的等待时间。第斯多惠认为，正如没有人能代替学生去吃、喝以及消化一样，也没有任何别人能代替他思考，代替他学习。教师重要的职责就是启发学生去思维，让孩子学会独立学习、独立思考、独立判断。《学记》云："君子之教喻也，道而弗牵，强而弗抑，开而弗达。"课堂教学中倾听的目的在于不断地引导与鼓励学生深入思考、自由表达，而不是"教师打开了一只耳朵，接纳学生声音，但却让它从另一只耳朵悄然流出，未能让这声音在自己的内心之湖激起任何涟漪，未能使教师的言行和态度发生任何与这倾听有关的改变"。

其二是考察教师对不同的观点、另类的看法是否能够做到重视与尊重。课堂教学不是一成不变地按教师预定的方向行进的，在这一过程中必然有中断、有延伸、有突变。面对这些情况，身处其间的师生到底作何思考呢？这就成了观测思维状态的一个关键点。佐藤学先生谈到，当这些儿童（学生）的多种多样的学习经验（活动）同自己的教学目标（设想）不合拍时，教师不应当动辄排斥，而必须同每个儿童的构思、设想、假设、困惑、发现、发明等进行耐心的对话，这种教师与儿童以及儿童与儿童之间的对话、交流得以持之以恒地累积的场合（时间、空间）就是教学。由此看来，像佐藤学先生所说的，在话语交流中，如果能真心实意地观照到学生本身的“逻辑世界”，教室里的交往就能有声有色地开展起来。

一位教师教学的《乌鸦喝水》一课令我感觉到在课堂教学中做到真正地倾听是难乎其难的。教学片段如下：

师：乌鸦是怎样喝到水的？

生：乌鸦把小石子投到瓶子里，水面上升，乌鸦就喝到水了。

师：乌鸦聪不聪明？

生：（大多数）聪明。

师：乌鸦的确聪明，大家还有什么问题吗？

生：老师，乌鸦不一定能喝到水。

（此语一出，教室里一片哗然）

师：为什么？

生：因为石子会把水淹没的。

师：（生气地）石子怎么会把水给淹没了呢？你连常识都不知道，以后回答问题前要多动脑筋，不要乱说。其他小朋友也要注意，知道吗？

生：（异口同声地）知道了。

上述课堂教学片段中，面对学生不同的声音，教师以自己的思维方式来否定学生的思维方式，师生间的“倾听”被阻隔了，如此一来，学生自由思想的萌芽就会因此而枯萎。

在课堂教学中，不但教师倾听学生是困难的，而且学生与学生之间的互相倾听往往也是处于“空白状态”。没有真正的相互倾听与交融，学生间很难形成学习共同体，学生的整个学习往往呈现出“生命的缺席与不在场”。有人这样描述：“我们所听的大多数课热闹大于宁静、言说多于倾听。当你的眼睛仔细观察学生的表现时，你发现的一般是这样的镜头：对于相互之间的发言，学生彼此很少倾听。学生为了自己有机会发言，不顾一切地高高举着手喊：‘我、我！’当老师同意的时候，他心满意足地说完，然后一屁股坐下，再不听取别人的评价；当老师叫到其他同学而没有选他时，他就会唉声叹气，自言自语嘟囔着什么，至于其他学生说什么他并不管。”没有倾听的课堂，学生学习的质量低下，教育被表面化，陷入了浅薄与贫乏之中。大多数教师习惯于以学生的“发言”来了解他们的看法，但实际上并不认真仔细地对待“倾听”。比起擅长发言的学生来，那些在学习上不多言语的学生反而更善于倾听，但这些学生的通知书上却常常被写上“更加积极发言吧”。其实，那些不加思考就草率发言的学生，其通知书上倒是该写上“更加注意仔细倾听吧”。再进一步说，如果我们希望在课堂上更好地培养学生的言语表现力的话，那么与其鼓励他们发言，不如培养其倾听的能力。这看起来好像离得远些，其实却是一条捷径。学生的倾听能力培养起来之后，其课堂的言语表现才会变得丰富起来，而不是相反。许多老师在课堂中看似在倾听，其实是听而不闻，或者是用点头、微笑与发出声响来表示自己在听，但是却是无心应对。

在课堂教学中，要倾听“异向交往”话语。在学生的声音相互回响、相互烘托的“交响乐团”中，十分关键的是交往展开的丰富程度、深入程度。佐藤学先生借一个日本诗人的话将交往类型分为四类：只有一方讲话的“单向交往”、相互交谈的“双向交往”、被拒绝、被阻挡的“反向交往”、思路各异的“异向交往”。这四种交往都是必需的。但在几种交往中，倾听“异向交往”的话语尤其重要。因与教师思路不同轨，相对而言，教师倾向于听而不见、充耳不闻。关于“异向交往”的话语，佐藤学的头脑中有一段难以忘怀的情景：那是数年前，在广岛县小学三年级的教室里观摩语文课教学。教材内容是“冬青树”。深夜里，突然响起了熊叫一般的声音，大叔叫肚子疼，豆太（人名）顿时被惊醒了。尽管豆太是个夜晚连撒尿都不敢出去的胆小的人，却一下子冲出小屋给大叔请医生去了。教科书上画了一幅豆太闭着眼睛跑下山的插图，教师就此提问以展开教学："豆太是怀着什么样的心情在跑呢?""我"当时在听课，正在想一位有经验的教师怎么会问这样没水平的问题时，坐在教室边上的一个男孩——手不停地淘气，此前的课都没来上过——大声地发言了："豆太他在叫头疼啊!"这个突如其来的没头没脑的回答引起周围学生的反驳："叫头疼的不是豆太，是大叔!""而且大叔也不是叫头疼，是叫肚子疼!"可这男孩却坚持不让步："豆太就是在叫头疼!"教师也被这个"异常"的回答弄得不知所措，于是问："你这想法从哪儿来的呢?""从哪儿来的?"这一问法真是好极了。组织"交响乐团"的教师正是通过把学生与教科书连接起来并把学生与学生连接起来而展开教学的。"连接性的询问"就有可能在教室里生成一些东西。针对教师的提问，那个男孩回答说："因为书上写着豆太整个身体蹦起来跑出去了。"那一瞬间，全教室安静了一下，接着就爆发出"真不简单啊"的叫好声和一片欢笑声。其他学生把男孩描绘的情景再进行"真实"的扩展——夜漆黑漆黑的，豆太和大叔又很穷，住的屋子很小很小。一听到大叔叫肚子疼，豆太一下子从床上跳起来，要不快点去叫医生的话就不行了，所以，他肯定是迷迷糊糊地朝门边猛跑。豆太是"整个身体蹦起来跑出去"的，所以头就碰到门上了。这就是那个男孩描绘的结果。一阵阵欢笑声之后，教师让那个男孩再次注意书上"豆太整个身体蹦起来跑出去了"这句话的意思，相互交谈书上描绘的情景，使教学极有魅力地进行下去。耐心地倾听"异向交往"的话语就能使教学中的交往丰富而深刻地展开，这一教学实例成为一个可见的典型。

在异向交往的话语中，如果把探究学生自身的"逻辑世界"作为一个课题的话，教室里的交往就能积极健康地开展起来。相反，如果教师对不同思路的话语不敏感，那教学就只可能顺着教师的路数进行下去，交往也就只能停留在表面上，变得非常肤浅。真正的课堂教学中的倾听就如同多尔谈到的，在文本和读者之间、教师和学生之间、经验和意识之间"协调信息"。"'协调信息'的过程中每一方积极地倾听。"这常常表现为生命与生命的交融、心灵与心灵的共鸣、视野与视野的融合。

2. 观察课堂教学中问题的合宜程度

一般而言，一节课大多以“问题——对话——引导”为主要环节来推进的。问题引领着师生精神生活的高度，决定着他们智力探索的深度，同时也影响了他们追求相关知识的广度。甚至可以这么说，问题是课堂教学的“心脏”，因“心脏”的搏动，才有可能使思维如同血液般运动，才有可能使整个课堂灵活生动。苏霍姆林斯基提出：“正像肌肉离开劳动和锻炼就会变得萎缩无力一样，智慧离开紧张的动脑，离开思考，离开独立的探索，就得不到发展。”因此，课堂教学中师生提出的问题的数量与质量是至关重要的。不少研究者在课堂观察时细细罗列：教师提出了几个什么问题？学生提出了几个什么问题？这些问题是事实性的还是思维性的？是封闭性的还是开放性的？……美国亚利桑那大学的琼·梅克教授的“问题体系”，有助于我们对课堂教学中的“问题”进行分析。琼·梅克教授以“问题”为中心，以“方法”为中介，以“答案”为结果，把“问题解决”情景分为五级。

问题		方法		答案	
教师	学生	教师	学生	教师	学生
一已知	已知	已知	已知	已知	已知
二已知	已知	已知	未知	已知	未知
三已知	已知	系列	未知	系列	未知
四已知	已知	开放	未知	开放	未知
五未知	未知	未知	未知	未知	未知

王元华老师认为，我们的课堂教学处于第二级，最多是第三级，但第三级极少见，至于第四级、第五级，那是没有的，那样我们斥之为“放羊”，是要受到严厉制裁的。但这恰是琼·梅克教授的“问题体系”所看重的，是施行非主导、纯对话教学所必需的。我们的课堂教学仍然停留于“复制型教学”“记忆型教学”“操作型教学”。根据布鲁姆的目标分类理论来分析，教师的提问基本上是属于“知识、理解”这一类型的，其他的

“运用、分析、综合、评价”类型的少之又少。简单地说，知识型的问题多，方法型、思维型的问题少；封闭型的问题多，开放型的问题少；再现型的问题多，创造型的问题少……教师没有给学生“学问”与“提问”的良好范本，学生们对提问与学问之道也就知之不深、解之不透。

除此之外，课堂问题的“智慧含量”都显得比较低，缺乏真实的、智慧的挑战性的问题。任何轻而易举、唾手可得的答案对学生的思维都是没有助益的，反而是大大有害的。在课堂教学中，为了让学生领受到精神生活与智力生活的快乐，必须精心设计适度的问题。具有适当思维强度的问题就如同适当的体育运动一样，经过一番锻炼，人会感觉浑身舒坦、神清气爽。这种智慧含量就在于开发学生的“最近发展区”。

有位教师在上白居易的《忆江南》这首词时，提出了这样一个问题：“‘江南好’，好在哪里？‘风景旧曾谙’，江南有哪些风景？我们可以联系学过的古诗词来补充。”这个问题一提出来，孩子们开始沉静下来了。不少学生若有所悟，有些孩子口中喃喃低语，有些孩子则是低头开始写了。学生交流的时候真是让人大开眼界：“万紫千红总是春。”“桃红莺飞二月天，拂堤杨柳醉春烟。”“两个黄鹂鸣翠柳。”……这一问题便是在“新知与旧知”之间搭了一座桥。课堂教学中问题的数量、序列、答案等都在时时刻刻地影响着学生的“学问”之道。

通过观察问题的数量、序列、答案等可以研究课堂教学中的思维状况。我曾对一些课堂教学提问进行长期的观察并提出现实课堂教学中的提问乱象丛生。比如，顾此失彼，缺乏整体性；零敲碎打，缺乏逻辑性；杂乱无章，缺乏智性；学生被动，缺乏主体性。课堂教学中的互动一般来说都是“基于问题的对话”，所以，通过对问题的数量、序列、难易等方面的考察便可以探察到课堂互动的内在精神。

此外，还要观察教师理答的状态与方式。理答的状态和方式反映了教师对问题的态度。在日常课堂教学中，教师倾向于自问自答，学生提问的机会极少。教师总是将教学内容一览无余地呈现给学生，学生也就不假思索地全盘接收。有些教师有培育学生提问的意识，但是，总体来说提问也是显得过急、过快、过浅。比较常见的就是教师一上课就向学生提出问题：读了课题你有什么想问的？学生们基本上是围绕着题目说一些没有真正经由思考的“假问题”，甚至常常是“胡思乱想、胡说八道”。然后，教学中也是学生有问，教师必答。教师的用意非常明确，就是“把问题消灭在萌芽状态”。而这种回答是直接指向内容本身的，几乎没有对学生问题的评价，更没有对学生思维的开启。其回答的方式简单粗糙，不论学生提的是什么问题，基本上是一问即答、一答即了。这种方式缺乏一种深刻的引导，也很难让学生体验到质疑问难、探索学问的困难与乐趣所在。波普尔认为，所有的知识在实质上都是“猜测性”知识，都是我们对某些问题的暂时回答，需要在以后的认识活动中不断加以修正和反驳，没有一种知识可以一劳永逸地获得。也就说明，知识是由一连串的问题联结而成的。问题停止之日，也就是知识死亡之时。联系美国心理学家斯腾伯格提出的成人应对儿童提问的七级水平来分析我们的课堂应答，我们可能会有更多的发现。斯腾伯格认为，应答的这七个应对级别由低到高，对儿童的激励和发展价值也越来越高。第一级是简单地回绝问题，这样的应答方式将直接扼杀儿童的好奇心和质疑精神。第二级是简单地重复问题，这样的回应水平属于敷衍，没有给儿童以有价值的信息。第三级是成人承认自己无知，这样的回答对于儿童有激励的价值，可以进一步激发他们探求的兴趣，使他们更自信。第四级是鼓励儿童寻找资料。第五级是提供可能的解答。第六级是鼓励儿童对可能的答案进行评估。第七级是鼓励儿童在评估答案的基础上，对可能的答案一一加以验证，进一步探究其可能性。显而易见，我们课堂的应答水平是在低层次徘徊。在斯腾伯格看来，第七个层级的水平就是让学生讨论问题并寻求应对策略，同时还把学生引向更高层次的“提问”。因为教师在课堂应答时没有真正从内在去关注，去培养“问题”思维与品质，学生的“学问”能力就一直处于被忽视与被压抑状态。

就像斯腾伯格所分析的那样，在课堂教学中我们要追求更高层次的应答策略，以“爱真理，更爱问题”的心态来面对学生的提问，引导学生不但学知识、学内容，而且还要学习如何“善问”，掌握研究学问的钥匙。这就是说，在教学中教师要尊重“问题”，善于判断“问题”的价值，尤其是要从学生的"问题"中探触到学生思维的独特性与意义所在，并且引导学生思考"问题"，引发更多样、更深刻、更精致的问题。学问的乐趣一方面在于经由冥思苦想之后的恍然大悟，另一方面在于"问"中有"问"、"问"外有"问"，学问无止境，因"揭谜"而"入迷"。最好的理答方式是"以问答问，以问引问"，只有这样，才能更好地在学生的心中撒播学问的种子与力量。

3. 观察并思考课堂教学中的"思考时间"

苏霍姆林斯基的一个观点是，学校应该是思想的王国，即真正的课堂教学一定是一种让学生去质疑、分析、探寻、论证、思考的过程。从这个意义上讲，学生应该是课堂中这一"思想王国"的国王。他说："教室里一片寂静，学生都在聚精会神地进行紧张的思考。教师要珍视这样的时刻。课堂上应当经常出现这样的寂静。"在课堂教学观察时，我们要留心考量课堂上教师给学生留下多少的"思考时间"，在这些时间中，学生们是否在进行真实的思考。教师的等待是"无为之为"，看似无所作为，其实对学生的思维发展来说是大有作为。洪宗礼先生说，每个班级总有少数学生的思维能力呈潜藏状态，他们心灵深处都有一片有待开垦的"处女地"，教师启发和调动学生的思维时，往往在他们身上"卡壳"，因此，教师要善于用睿智的目光去发现他们的表达欲望，保护他们的思考能力，点亮他们的思维火花，即使一时启而不发、调而不动，也要耐心地等待，"等他 60 秒"，是艺术，是对学生思维积极性、自尊心的保护，在 60 个"滴答"声中，学生思维的火花最终会燃烧成绚丽的彩霞。

课堂生活的意义就在于对人生及价值的无限可能的自由探索。教师之于学生的全部职责就在于启发、点拨与诱导。教师要善于应用评价语激活课堂生活。在学生无精打采时，以激赏来振奋孩子的精神；在学生陷入思维的困境时，以妙语善导，使学生豁然开朗；在学生陷入沉寂的僵局时，以智慧来点燃思想的火炬……精妙的评价语可以使课堂生活从平淡走向生动，从贫乏走向丰富，从平面走向立体，从肤浅走向深刻。

在课堂教学中，学生出现了意见分歧时，教师往往会根据已有的“成见”妄下论断，这有时会造成“思想萌芽”的夭折。如果教师能更开放地对待“争论”，不急于下定论，那么，我们的课堂就可能融汇五湖烟景而不是成了一潭死水。

一位教师在教学《精彩极了和糟糕透了》一文中，提出这么一个问题：“谈谈你对巴迪爸爸妈妈的教育的看法。”孩子们议论纷纷，各有想法。在全班交流时，一个孩子说：“我赞成她爸爸的教育。”另一个孩子说：“我赞成他妈妈的教育。”教师一听，迫不及待地说：“其实，最好的教育应该是热情鼓励与严格要求相结合。巴迪的爸爸与妈妈的教育相结合，就是最完美的教育。”一听教师的结论，学生就不再讨论了，教室里顿时变得悄然无声。其实，学生自己沉浸在文本的世界中，逐渐形成了与文本对话、与他人对话、与自己对话的学习情境与氛围。但教师过急地用“主观评价”来堵塞学生们已经舒展、开通的思路，学生思维的丰富性就此被忽略、被掩埋。如果教师用中立的态度与立场来评析和诱导的话，将会产生多少新的认识、新的体会、新的思想……这些正是课堂的风景与灵魂。

廖学军老师在《种桃种李种春风》一文中写道：“课文《乌塔》讲了 14 岁的小姑娘乌塔一个人游欧洲的故事。上课时，我设问导入：‘假期里你愿意和大人一起出去玩吗?’回答惊人地一致：‘不愿意!’我问：‘为什么?’孩子们七嘴八舌。总括起来，原因大致有如此几种：和大人一起出去约束太多；大人感兴趣的自己不感兴趣，自己感兴趣的大人可能不允许玩；大人在一路都比较唠叨，玩起来不尽兴。我又接着问：‘既然都不喜欢和大人一起去玩，那么大人会同意你自己单独出去玩吗?’孩子们的回答大多数也是否定的，他们认为大人不同意的原因是大人担心自己遇到危险或者坏人等意外情况时不会处理。这样的提问，一下子抓住了所有孩子的心，教室里热闹极了。我再让他们读课文，了解同龄人的经历。孩子们对乌塔羡慕不已——既羡慕她小小年纪就去了那么多国家，更羡慕她小小年纪就能单独旅游。‘那乌塔能够这样做的理由是什么呢?’根据课文内容我追问道。孩子们在课文中发现，乌塔花了3年的时间做了充分的准备，也懂得了乌塔的行为并非一时心血来潮之举，而是经过深思熟虑、周密计划的，大家由此感受到乌塔的自立意识和独立生活能力——学习目标顺利完成。我紧接着问：‘难道乌塔的父母就不像我们的父母那样担心孩子的安全吗？’孩子们畅所欲言，联系课文，联系自己的实际，说了很多。还有孩子回忆起以前所学的课文《自己去吧》——小鸭妈妈和小鹰妈妈都是放手让孩子去做事情，最后小鸭学会了游泳，小鹰学会了飞翔，大家都认识到自立能力的重要。最后我让孩子们回家，再和自己的父母一起读这篇课文，看看父母会说些什么，自己又想对父母说些什么。很多时候，我们对孩子，总是捧在手里怕摔了，含在嘴里怕化了，可这样培养出来的孩子，又怎么能经历风雨呢？通过这一课的学习和拓展、延伸，我希望这个外国同龄人的故事能够引起孩子们以及家长的深思——多给孩子们提供锻炼的机会，增强他们独立自主的信心，让他们去做力所能及的事情，使他们得到锻炼。只有这样，孩子们才能成为勇敢自信的人。一朵花要灿然开放，一定得有适合它开放的环境和条件。我们为什么不让这些‘花朵们’在阳光下、在雨露中去自由成长，然后静心等待每朵花儿怒放呢？”

在这样的教学中，教师不是急于去填充学生的思维空间，而是留有充分的时间让学生自己不断地去发现、去感悟、去探索……教师等待意义的价值就在于此处。经过冥思苦想后恍然大悟，是生命之花的灿然绽放，是思维之花的灿然绽放，它包蕴着学习的真正的快乐。

（五）师生解读教材的状态

教师与学生对教材的解读程度与课堂教学的质量息息相关。

1. 对教材的解读关涉教学目标的明确定位及课堂教学达标的问题

对教材的内在意蕴、编排意图、教材的重难点如果含糊不清，教学目标必然朦朦胧胧，结果就会“迷迷糊糊一大片，忙忙碌碌一场空”。

课堂教学漫无边际、漫无目的，必然导致收效甚微，甚至劳而无功。正如苏霍姆林斯基提出的："许多课（甚至有多年教龄的教师的课）的重大缺点之一，就是不善于明确地提出课的目的，并且使课的一切方面、组成部分和阶段都服从于这一目的。问题并不在于课时计划里写上本节课的目的。这种形式的规定可能是被照做了，但是教师并没有认识课的真正目的。漫无目的的课是白白地浪费时间，增加学生的疲劳，使他们养成一种松松垮垮的习惯，形成一种不良的道德品质——懒惰。"所以，课堂观察要考察课堂中教学目标的定位及学习目标的达成。课堂目标的定位是课堂观察的重要视点。目标定位不明确，不管课如何精心雕琢、如何设计引导，结果只能是越努力越白费心力。也就是说，正确地做事的前提就是做正确的事。

观察课堂时要考察课程目标是否合宜。王育香老师认为，整体把握课程目标体系是学段目标落实到位的重要前提。有位教师教学五年级下册《白杨》一课，详细讲解了用"拉车""推车""坐车""飞车"的四种形式"说句话"的标点用法，学生听得昏昏欲睡。课上，教师三次要求"带着问题快速默读全文（700 字左右），时间一分钟"，结果学生只是浮光掠影，核心问题不了了之，课堂气氛十分沉闷。这位教师满脸无奈，殊不知此乃学段目标错位所致。请看第二、三、四学段相关目标的对照表。

项目	第二学段目标（第三学段的逻辑起点）	第三学段目标	第四学段目标（第三学段的发展空间）
标点符号	在理解语句的过程中，体会句号与逗号的不同用法，了解冒号、引号的一般用法。根据表达的需要，使用冒号、引号。	在理解课文的过程中，体会顿号与逗号、分号与句号的不同用法。能根据表达的需要，使用常用的标点符号。	能正确使用常用的标点符号。
默读能力	初步学会默读，做到不出声、不指读，能对课文中不理解的地方提出疑问。	默读有一定的速度，默读一般读物每分钟不少于 300 字。	养成默读习惯，有一定的速度，阅读一般的现代文每分钟不少于 500 字。
篇章把握	能初步把握文章的主要内容，体会文章表达的思想感情。	在阅读中揣摩文章的表达顺序，体会作者的思想感情，初步领会文章的基本表达方法。	在通读课文的基础上，理清思路，理解主要内容。对课文的内容和表达有自己的心得。

因而，第三学段教学要做到“三个明确”。

第一，明确学段教学的逻辑起点。教师备课时要认真研读课程标准、研究学情，不妨多问问哪些内容学生已经学会了，参照第一、二学段目标及学生实际，科学确定教学的逻辑起点，避免因起点预估失当影响学段目标的落实。上述案例中，“了解冒号、引号的一般用法”属于第二学段目标，学生已经掌握，任务不具挑战性，听来是索然无味。而让五年级学生在一分钟内默读完近700字的文章，显然不切实际，教学效果可想而知。

第二，明确每一课时的核心任务。在课程目标体系中，“总目标—学段目标—年级目标—单元目标—各课目标—课时目标”是“正向分解、逆向实施”的关系。只有扎扎实实将其落实到位，最终才能达成课程总目标。因此，教师要准确领会教材编写意图，深入发掘文本内涵，审慎思考、科学拟定、认真落实每一课时的教学目标。一般来讲，“在阅读中揣摩文章的表达顺序，体会作者的思想感情，初步领悟文章的基本表达方法”，是第三学段阅读教学绕不过也不该绕过的“坎”。就《白杨》的教学而言，忽略对“由物及人”这一表达顺序的揣摩，放弃对“托物言志、借物喻人”这一表达方法的领悟，确有不当。

第三，明确学段的发展空间。学段目标之间绝非泾渭分明或可以截然分开的。“默读一般读物每分钟不少于300字”与“养成默读习惯，有一定的速度，阅读现代文每分钟不少于500字”之间，既未横亘着不可逾越的鸿沟，更不可能在跨越学段的瞬间就有“质”的飞跃。前者只是第三学段大多数学生必须达到的“下限目标”，切不可视之为“上限目标”。就个体发展而言，每一项学段目标的达成，都必然要经历一个持续渐进、螺旋上升的过程。教师在弄清第三学段的教学独当之任的同时，也要清醒地认识学段目标的发展空间，既需高瞻远瞩，使之与第四学段目标接轨；又不好高骛远，提出不切实际的学习要求，扼杀学生的学习积极性。

同时，我们还要关注目标的达成问题。没有目标达成度的课堂，一般而言显得比较低效，甚至是无效的。在课堂观察中，我们需要锁定目标进行分析研究。一个题为《感觉很好的课是否一定是好课》的观课案例，给我们很深的启示："以在课堂实践中检验教学目标的达成度为例。有些课上完了，上课的人感觉很好，听课的人感觉也不错，真的是这样吗？观察的结果只有通过数据说话，进行客观、有针对性的分析，才能使检测实现真正意义上的科学有效。在对某教师的'谁围出的面积最大'一课进行评估时，我们针对预设的认知目标一'知道长方形的周长一定，当长与宽相等时，面积最大'设计了如下观察点：①在14根小棒操作环节中，学生是否能呈现所有的图形？②14根小棒操作环节中产生的数据是否有利于结论的得出？③'实践应用'环节中第1题的完成情况。④每个环节的设计意图与预设总目标的相关性如何？我们5位教师选取了14组观察样本，并在课后随机抽取了20名学生进行访谈。结果出人意料。对于观察点①，只有50%的学生能摆出所有图形，只有25%的学生不能有序地摆出图形。对于观察点②，学生知道周长相等，面积有大小，但只有大小，只有20%的学生能说出目标一的规律。而对于观察点③，正确率只有25%。评估结论表明，在这节课上，教师对学习目标的达成实际上没有起到积极作用。一节原本令执教者自鸣得意、听课者鼓掌的课，居然被检视出诸多不足与偏差，理性分析的说服力促使更多的人深省。我们的研究还可能有多种发展趋势，区别只在于我们是否能够坚持，期待每个参与的人都能从细节中感悟出属于自己的天与地。"

2. 考察是否用开阔的思想来解读教材

对教材的理解关涉到教学生活的深刻性与开阔性问题。只有用开阔的智力背景与知识背景来解读教材，来处理教材，学生才能学得更深刻、更真切、更有效。任何浅尝辄止的教材解读只能造成一些肤浅而零碎的思想；任何墨守陈规的教材分析只能让人头脑僵硬、思维褊狭；任何缺乏深思熟虑、不经延伸与拓展的知识只能局限、束缚心灵与思想的自由。而能够认真思考的人总能在对教材的理解与处理上体现出其个性、特征。

曾经在一次省级教学研讨活动中听到一位老师上《小伙伴》（人教版一年级下册）一课。这篇课文讲述了玛莎在旅行途中将背包丢了，维加、安娜、安东三个小朋友以自己的方式来关心玛莎。其中，教材及老师都旨在引导学生懂得“行动上的帮助才是真正的关心”这个道理。老师在课的末尾设置了一个问题环节：“你最喜欢哪个小伙伴?”（不言而喻，师生不约而同地选择了将面包给玛莎吃的安东）我认为不太妥当，因为朋友间的关心是多种多样的，有精神的安慰，有物质的救援，有语言的交流，有无声的行动。记得席慕容写过一句诗，大意是：问候是一种关心，不问候也是一种关心。对于“关心”的内蕴，我们不宜这样一锤定音，认为关心就一定是付诸行动，就一定是物质的，就一定是可摸可触的。我觉得这样的问题情境过于狭窄，甚至可以说是画蛇添足、明知故问。如果我们将问题扩展为——你对这几个小伙伴有什么看法？你最想对哪位小朋友说些什么？学生们很可能就会调动自己的生活情感与感受融入文本学习之中。以更开阔的思想与心态来观照文本、理解文本，我们就能读出更多的意味、更深的韵味，这样的课堂教学也就会有着更浓的情趣、智趣与理趣。

3. 考察教师在课堂教学中是否有明确的教材处理意识

在课堂教学中，教师是否能够从“教教材”转变为“用教材”，具体可从五方面来观察。

（1）增。增加新的内容，如补充材料，或增加主题活动、实验操作等。曾观摩过一节《桂林山水》课，其中大约只有一半的课堂时间是让学生读课文并总结出桂林山水各有什么特点，而后教师就补充了显然是未经剪裁的近 2000 字的有关桂林的传说、桂林的风景介绍的文字。至于原教材是如何用简练的文字刻画出如画般的美景的，教师则不再组织学生研读、品味，课文的语言特色几乎完全被忽略掉了。这样对课外补充资料青睐有加，造成了喧宾夺主的尴尬，给人感觉这堂课是在给桂林旅游局做一次免费的广告。

(2) 删。删除重复的、不符合标准的、不必要的内容。曾经听过孩子懒洋洋地读着《王小二》(一年级下册)，我觉得心里非常不舒服。也许是儿子这种读书的态度与劲头，让我很是“感冒”。再细细一琢磨，他为什么这么读呀？这样的文章对他们来说意味着什么？有没有与他们相通的精神要素？很难说清。

朱华贤老师的《“夜莺”的歌声该停歇了》对《夜莺的歌声》这篇课文是否应该保留给出了很明确的答案。人教版小学语文课本第八册第四单元的主题是关于“战争和儿童”，共4篇课文，其中第一篇是《夜莺的歌声》。这篇课文讲的是在苏联卫国战争时期，一个男孩“夜莺”用歌声协助游击队歼灭一伙德国鬼子的故事，表现了苏联少年儿童的机智勇敢和爱国主义精神。“夜莺”是怎么协助的呢？他用歌声把敌人引到河边，带进山林，再用不同的歌声把敌情巧妙地传给游击队，让埋伏在两旁的游击队把敌人消灭，然后，他再到河边，用歌声引诱另外的敌人。夜莺在整个战争中，实际上发挥着诱饵的作用。“夜莺”的年龄是多少？课文中没有具体讲到，教学参考书上也没有说明，但他是一个孩子，这是无可争议的。因为课文明明白白地写着：“有个孩子坐在河岸边上，耷拉着两条腿。”从德国鬼子叫他“小孩子”的称呼中也可以证明他是个孩子，年龄大约在十二三岁左右。1941年6月22日，德国法西斯不宣而战，发动了对苏联的侵略战争。苏联人民奋起保卫祖国，作为少年儿童，也积极参与卫国战争，这在那个时候，无可非议。但是，在反法西斯战争已经过去60多年的今天，在《联合国禁止儿童参加战争公约》正式生效后的21世纪，我们还有必要歌颂和宣扬儿童直接参加战争的事迹吗？恐怕没有必要，而且也是不应该的。《联合国禁止儿童参加战争公约》于2002年2月12日正式生效。该公约是根据《儿童权利公约》制定的，明确规定：18岁以下儿童不得以任何形式参加战争。在94个国家签署了《联合国儿童权利协议》以后，这项协议现已成为强制性公约。“不得以任何形式参加战争”，这个规定是相当明确而坚定的。任何人都不应该把儿童作为战争的工具，哪怕是正义战争，因为儿童是弱者，是未成年人，因为儿童是整个人类的未来。之所以作这样的规定，旨在保护儿童的尚未成熟的生命权。中国作为联合国成员国，自然是严格遵从联合国宪章的。既然国际公约规定“不得以任何形式参加战争”，那么，我以为，宣扬儿童参加战争的课文，也应在撤除之列。也许有人会说，苏联卫国战争在前，《联合国禁止儿童参加战争公约》生效在后，而且相距半个世纪，这没有什么关系。是的，苏联卫国战争期间、我国抗日战争和解放战争期间，一些儿童参加战争都没有错，但是，当时“没有错”并不意味着现在还可以继续，还需要宣传。如果我们继续宣传，不就意味我们今天还在提倡吗？

教科书有它的特殊性，表现在它具有典范性，它的影响之大、之广、之久，都是一般书籍无法比拟的。课文中的一个形象、一个观念，甚至一个句子，学生都会牢牢地铭记于心。因而，选择什么内容作为课文，这是非常重大的事，需要有极其严肃、认真的科学态度。与时俱进，是编写教科书的一个重要原则。教科书必须符合公认的先进理念和价值观，其视点必须定位于国际社会的最前列，以培养学生的国际规范意识。《夜莺的歌声》确实有助于培养学生的爱国主义精神，但培养爱国主义精神必须与国际规范意识相符，必须合乎国际公约。我们经常在说要更新观念，什么叫更新观念？不是指原来错了，现在要改过来，而是指原来是对的，但现在已经落伍了，要彻底更新。对儿童参与战争的事，就应该这样看待。

这个单元中还有一篇《小英雄雨来》，讲的是中国 12 岁儿童雨来参加抗日战争的故事，其主要内容与《夜莺的歌声》非常接近。如果“夜莺”的歌声该停歇了，那么，《小英雄雨来》也该卸任了。因为它同样不符合《联合国禁止儿童参加战争公约》的基本精神，而这个单元中的另一篇课文——《一个中国孩子的呼声》则可以继续大声呼唤：“救救孩子们，要和平不要战争！”

（3）换。即更换不合适或不合理的内容。在对《坐井观天》（二年级上册第 13 课）进行备课时，我在思考着这篇课文最为突出的文本特点是什么以及在形式上有何表现。其实，最大的特征是青蛙与小鸟之间的对话。看看课文是如何写两者的对话与争论的。其中，改写部分我感觉有问题的是，先是两者情绪很激动，在表达上用的是“感叹句”与“反问句”，而后面则是用“陈述句”。这种情感基调显然不太合理，而且表达上显得不太有层次感与递进感。另外，有一处内容在逻辑上值得质疑：青蛙整天坐在井里观天，它对于一百多里会有什么概念？它听了小鸟的话以后怎么会觉得“飞得那么远”？课后的习题设计：青蛙如果跳出井口，会看到什么，会说些什么？其意图是在于引导学生展开想象来练习说话，但是，这个练习和本文的表达形式关联不大。不如这样设计：当青蛙跳出井口后跟着小鸟一起去看天的时候，会进行怎样的对话呢？可以用上“无边无际”等词写感叹句、反问句，并说一说、演一演。

(4) 合。即整合不同知识点或不同学科的内容。雷夫·艾斯奎斯在《第56号教室的奇迹》中谈到他的课堂教学是如何把不同的学科进行整合的教学案例。有一次，他说：“从美国的州数开始(50)，加上一打，减去最高法院的法官人数(9)，加上半个月的周数，除以11。”每个学生都把5举起来。孩子们能在脑中牢记这么多的信息真让人感到惊讶。另一次，他说：“从一加仑有几品脱开始(8)，加上捧球赛的局数(17)，乘以厘米之于毫米的倍数(170)，减去美国参议员总人数(70)，减去半打(64)，给我看平方根。”数字8闪电般快速出现。在学年结束之前，我班上的学生学会了公制单位、分数，以及各种帮助记忆科学、历史、文学的数字。这个简单的游戏帮孩子们热身，让他们开心又充满活力。我见过优秀的老师们利用这个游戏加强学生对几何三角函数、元素周期表以及美国历史中重要日期的记忆。它玩起来简单，花的时间不多，而且让孩子们乐在其中。刘良华教授在广东推行一个主题，叫“学科作文”，就是让每一个不是教作文的老师来教作文。比如，让数学老师教孩子写“数学作文”，让音乐老师教孩子写“音乐作文”，让每一个学科的老师都来承担教作文的任务……

对于每一节课，我们都要有整体思维，就是用联系的思想来促进学生的学习。每节课都要“学而时习之”，学习同时又是复习，复习同时也是学习，将复习的思想理念一以贯之。那么，作为一种独立的复习课，其重心在于何处呢？就在于将学生的知识系统化，化零为整，把支零破碎的点滴知识编织于整体知识网络之中，让学生尝试着把一些七零八落的语言材料进行整理归纳，从一些现象中归纳出一些原理。

（5）立。即打破原来学科内容的次序，创立全新的框架结构。布鲁纳认为，教育过程的核心在于为受教育者提供帮助和对话的机会，以便他把具体经验变为更加有力的标志系统和更有次序的体系。同时，我们还要引导学生把日积月累获得的一些知识进行不断的归纳整理，使同类知识之间相互串联并形成系统，使异类知识之间相互补充，最重要的是把一些零零散散的知识与经验用一条线穿起来，在无形中用一种内在的逻辑与联系把知识连缀成串。

课堂观察的新视阈

课堂观察的内容有某些永恒不变的东西，但不能僵化，观察课堂要有新的视阈。比如，教学中的儿童文化、思维灵性、情感因素以及教师的语言敏感力等。实际上，这些新视阈并不是空穴来风，而是由常态视点延伸而来。

课堂教学中的儿童文化

在不断地阅读苏霍姆林斯基的著作时，我强烈地感受到童心的魔力。教师要做童心世界的守护人，从儿童的视角去看世界。我曾经无数次地诵读洛克的一段话："我们幼小时所得的印象，哪怕极微极小，小到几乎觉察不出，都有极重大极长久的影响。正如江河的源泉一样，水性很柔，一点点人力便可以把它导入他途，使河流的方向根本改变。从根源上这么引导一下，河流就有不同的趋向，最后就流到十分遥远的地方去了。珍惜童心，保存童年，是教育的一个永恒的主题。儿童文化是基础教育学校的主旋律，以赤子之心、赤子之眼来阅读孩子、阅读课堂，我们的教育教学就会有令人意想不到的发现。"

一、童心缺失令人忧

儿童文化的失落让许多有识之士痛感无根的困惑、迷惘和虚空。但儿童在许多人眼里又是幼稚的、可笑的、需要改造的、需要教育的。在成人的世界里，儿童唯一的价值就是等待成人。一方面，儿童的价值被重新阐释并不断被凸显；另一方面，儿童被漠视、被扭曲、被压制的情形依然比比皆是，尤其是在一些校园里，缺乏对儿童的尊重。我曾经见过这样一个片段：老师叫孩子们用“想、活泼、悄悄、丢、爬、淘气”来说句话。第一个孩子说：“我想听到开花的声音。”老师不客气地说：“开花怎么可能有声音？”第二个孩子说：“河里的水很活泼。”老师指点迷津：“活泼只能用来形容人！”第三个孩子说：“我们听不懂小鱼的悄悄话。”老师的评语是：“鱼不会说话，更不会说悄悄话。”第四个孩子说：“上街时，毛毛把爸爸丢了。”老师称：“孩子把爸爸丢了，这不符合人们的表达习惯！”第五个孩子说：“牵牛花像个小弟弟，爬在树上。”老师指导：“把牵牛花比作弟弟爬树，不爱护花草树木，不遵守学校纪律。”第六个孩子说：“风很淘气，把水逗笑了。”老师有点恼火：“说风淘气，这不合适！再说，水怎么会笑呢！神经病！”诸如此类的做法摧残着儿童独特的想象力和敏感性，他们的个性被强行修剪、灵性被窒息与禁锢，久而久之，孩子的个性就荡然无存，一个个都成了暮气沉沉、枯燥乏味、面目可憎的“小大人”。仔细剖析校园及课堂生活，教师童年意识的缺乏主要表现为：成人化，一切以成人的标准为标准，以老师的是非为是非；功利化，急功近利，追名逐利，毫不顾及儿童身心发展的规律；庸俗化，用社会中一些低俗的目标来教育学生，对学生进行不适当的引导。

1. 成人化

学生写作文时，写来写去不外乎捡钱包、扶盲人过马路、帮老爷爷推车之类，而且几十年都是如此，其原因是教师过度的指导制约了孩子的文思和对生活的观察。学生作文的表达方式、谋篇布局都是按着成人的“套路”照搬照抄，甚至连观点和感受都要“齐步走”。湖北省武汉市新洲区某小学的“一篇作文的故事”引起了我们深思。王聪（化名）的《春天》与全班其他 60 名同学的不一样，那些同学的作文，大多以“春天好”为主题，赞美春天和风细雨、花红柳绿。而王聪理解的春天是：春天是细菌繁殖旺季、夏季的蚊虫都在这时滋生；春天易流行感冒；春天雨水淅淅沥沥下个不停，很烦人，春天像个爱哭的小姑娘总也止不住；春天冷热不均、忽冷忽热……作文交到老师那里，王聪挨了批评。老师不点名地对全班学生说："有的同学不停地在作文中写春天不好，是不听老师讲解、胡思乱想、跑了题的结果。古往今来，文人们都夸春天好，说春天不好是动错了脑筋。"真是匪夷所思！在说话时，特别是在公开场合发言，学生们说着连自己也不明白的一些假话、大话、空话，人云亦云，鹦鹉学舌。在对课文的理解与赏析上，孩子们只是学会了本文通过写了什么、表现了什么、说明了什么以及赞扬了什么。孩子失去了自己思考的权利、言语的权利，他们是语文学习活动中的傀儡，慢慢被成人化。

2. 功利化

过分追求学习成绩，无暇顾及童年生活及生命感受。一些专家尖锐地指出，小学语文教材中缺乏对幽默与趣味的引导，多的是"死人"的事，多的是儿童无法理解和承受的"悲壮""悲惨"与沉重，甚至一些童话和寓言也是渗透着浓厚的训诫及说教意味。如二年级的《三个儿子》一文，写三个妈妈各提着一桶沉重的水，各自的儿子有不同的表现：一个在竖蜻蜓，一个在唱歌，另一个则跑过去为妈妈提水。老爷爷看了说，只看到一个儿子。其意义显而易见，是引导孩子帮忙家长做家务、要孝敬父母。可是从儿童的角度去分析，玩与游戏是孩子的天性，连唱歌与竖蜻蜓都被一笔抹杀，未免不合情理，而且连妈妈都提不动的水叫孩子去提，于心何忍？这些便是无视儿童的年龄特征进行拔苗助长式的教育。社会上曾经流行一股"神童热"，一些家长逼迫孩子学习，除了读教材和做作业，其他一切活动都不允许，这些家长甚至把看电视、读课外书视为不务正业。这种功利化的做法对儿童的伤害是很大的。

3. 庸俗化

有些教师对学生进行教育时赤裸裸地宣称，读书就是为了挣大钱、娶美女。这样的“教育”对孩子的成长是有害无益的。还有些老师，见到上课时男女同学在聊天或写纸条，便当场调侃“小小年纪、乳臭未干就在谈情说爱”之类的……这些对孩子纯洁善良的心灵世界的影响与伤害是难以想见的。庸俗的诱导与评价给孩子心理带来驱之不去的阴影，并让孩子渐渐失去对美好未来的期待。

二、保卫童年，刻不容缓

珍视童年这一思想及教育观点可谓源远流长。老子在《道德经》中提出了“复归于朴”的观点。对于童心境界的追求，明朝的李贽可以说是不遗余力，他在《童心说》中写道：“童心者，真心也。若以童心为不可，是以真心为不可也。夫童心者，绝假纯真，最初一念之本心也。若失却童心，便失却真心；失却真心，便失却真人。人而非真，全不复有初矣。”童心的流失就意味着生命的丢失，也就是精神的死亡。陶行知的教育思想中对童心的真爱也是一以贯之，他在《师范生的第二变——变个小孩子》中用一首通俗易懂的儿歌来表现：“人人都说小孩小，谁知人小心不小，你若小看小孩子，便比小孩还要小。”在其著作中，随处可见他对小孩子力量的赞叹，他还要求教师向最伟大的先生——儿童学习。

考察东西文化及教育时，保护童心资源可以算是共同的愿望。意大利著名教育家蒙台梭利在其著作《童年的秘密》一书中提出了“儿童是成人之父”这一说法，就是说，从精神意义上，成人要不断返回生命的本真状态。杜威先生则是旗帜鲜明地标举教育应以儿童为中心，以儿童为主体，以儿童为本位。苏霍姆林斯基认为儿童自有一个世界，教育便是要小心翼翼、无微不至地触及儿童的心灵……当代教育学者张文质先生根植历史思考，回应当下现实，提出了“保卫童年”这一充满诗意的教育命题。语文课程标准中指出，要使学生逐步形成良好的个性和健全的人格，并强调尊重学生在学习过程中的独特体验。这里也体现了对童心的尊重与保护的意识。保护童心就是保护人类特有的想象力，就是捍卫生命的本真状态，就是语文教育返璞归真。儿童文化成了人类文化发展的源头与归宿，然而在现实中，童年又屡遭践踏与掠夺，作为有良知的教育者，有必要为孩子考虑，让孩子活在自己的世界，把童年还给孩子！

三、寻绎历史，反思现实

如何保护学生的童心呢？我以为要有的放矢、对症下药。

1. 因势利导，因材施教

教育的意义就是“起于天性，经由个性，终于德性”。对学生天性的尊重是教育的起点。面对语文课堂中儿童好说、好动、好玩、好奇的特性，我们绝不能不分青红皂白地用纪律来“棒杀”，而是要让儿童在精神上处于一种自由放松的状态。在课堂中，学生敢于站起来“插嘴”，这是一种主体意识和教学民主的体现，也说明学生听讲专心、思维活跃、求知欲强。老师应善待“插嘴的学生”，在学生插嘴时加以正确的引导，让学生的人格得到尊重、情感得以释放，同时要求他们兼顾全局、注意影响。这样既能使课堂充满生命活力，又不至于影响教学秩序。

黄梅兰老师对此深有体会，她在《老师，我想唱歌》一文中写道：

《燕子》这一课我已经教过5遍了，基本的教学思路是：通过看图，联系实际，充分理解课文内容，体会燕子的可爱和春天的美景，并抓住对小燕子的喜爱、赞美的感情基调进行朗读指导，学生们熟读成诵。然而，这一次因为一次变奏，让我感触特别深。

上课不久，学生们兴致勃勃地用自己的语言描述印象中或生活中的燕子，忽然我听到一个响亮的声音："老师，我想唱歌!"我一看，原来是小东（化名），他把手举得高高的，一副迫不及待的样子。小东活泼调皮，好搞恶作剧。大家的眼睛齐刷刷地投向他，教室里顿时热闹起来。有的说："好啊!"有的说："唱什么唱，现在可不是音乐课。"还有的小声说："惨了，看老师怎么收拾他。"

我的心也咯噔一下：这小子怎么屡教不改？上课前，我才跟他谈话，他也表示要痛改前非，该不会一转眼就忘记了吧？不行，我得看看他葫芦里到底卖的是什么药。我问："你要唱什么歌?""我要唱《小燕子》。"这小子联想还挺丰富的，我怎么没想到这一首歌呢，我心中不由暗暗叫好，说："哦，好吧，大家鼓掌欢迎!"

小东张开大嘴，果真唱了起来："小燕子，穿花衣，年年春天来这里，我问燕子你为啥来。燕子说，这里的春天最美丽……"全班学生也不由得边拍打着节拍边唱了起来。

接下来的教学气氛可想而知，师生们都在活跃的气氛中感受到燕子的活泼、机灵、可爱以及色彩明丽的春景。尤其是到了最后一段，当学到"停着的燕子成了音符，谱出一支正待演奏的春天的赞歌"这一句时，学生们不约而同地唱起了《春天在哪里》这一首歌："……嘀哩嘀哩嘀哩哩，春天在那青翠的山林里，还有那会唱歌的小黄鹂……"

没想到，这一节课是在学生们的歌声中结束的，这是我的《燕子》教学最满意的一节课。我很庆幸自己没有打断他的"插嘴"，倘若我当时一时冲动，简单地来一句"唱什么唱，闭上你的嘴"，恐怕就是另一番结局了。

儿童在课堂中说说、笑笑、唱唱，甚至有时打打闹闹，都可能是一种自然天成、得天独厚的教学资源。其关键在于教师是否秉持平等精神、民主意识来对待儿童，并创造性地"化平淡为灿烂"，形成别出心裁的教育教学机智。

2. 倾听儿童的声音，张扬孩子的个性

在传统的课堂中，学生的思想淹没在教师的唾液之中，“听话乖巧”被视为好学生的标准倍加赞赏，而与众不同则被视为异端、屡遭排斥。语文课堂因此出现“万马齐喑究可哀”的现象。现代教育呼吁教育者站在人文主义立场、站在儿童立场上，倾听儿童的声音。我以为，儿童学习语文的过程应该是灵性飞扬的过程，是思想不断催发、萌生、蕴蓄的过程。倾听儿童的声音，张扬儿童的个性，我们在教学中就时时会遇到意想不到的惊喜和不期而至的风景。

李百灵老师在《让每一朵玫瑰在阳光下自由绽放》的课后反思中写道：

这是一节口语交际训练课，看似平常，却使我惊讶不已。那是一幅描写四季景色的图画，展示出来后，学生都高举着小手，个个踊跃回答：“春天到了，小草发芽了，树木也披上了绿装。”“夏天到了，小朋友都去游泳。”“秋天到了，树叶黄了，一片片叶子从树上落下来。”“冬天到了，雪花飞舞，大地一片白茫茫。”我大加表扬。这时，王瀚同学却站起来发问：“老师，可是现在是春天，我怎么觉得变化不像图上画的那样啊？冬天也是这样子的呀！”黄仰也马上站起来说：“对啊！我们这里秋天也没有很多落叶！还有冬天不下雪！为什么要画这样的图让我们介绍？北方小朋友看的图是画南方四季景色的吗？”连珠炮似的问话让我不禁莞尔。

脑海中忽然想起我小时候，每一次写景物作文时，春天必描写“万物复苏，冰雪融化”，秋天必是“大雁南飞，落叶飘飘”等，尽管自己也曾纳闷过：南国的春、秋天并不是像我所描写的那样有明显的变化，但是，老师是这样跟我们讲的，而且也对我的描写赞赏有加。因此，我从没有提出过异议。那时我们判断的依据是早已程序化的课本知识和老师的“金科玉律”，而不是自己去思考、判断对与错。我们相信课本上文字的东西甚于自己的发现，即便是发现了不同，我们也不敢提出。思

维中的灵活性、独创性与批判性被知识与师长的权威抹杀掉了。

课改提倡学生应有不同的理解，教师要尊重学生的个体差异，鼓励标新立异，而不是人云亦云。在教学《草船借箭》一课时，作为教师，都希望学生们能够欣赏诸葛亮的神机妙算，喜欢鲁肃的忠实守信。然而泉州第二实验小学的杨志文老师在教这一课时让学生充分大胆地说，有个学生就非常明确地说，他也喜欢曹操。杨老师微笑着问“为什么”。那个孩子说，他喜欢的是曹操的谨慎和爱护士兵的精神。试想，如果学生一说到他喜欢曹操时，教师就加以制止，说“这是不对的”，那么我们又怎么可能知道还有学生喜欢曹操的这种品质呢，学生又怎么能说出自己心中真正的想法呢？而这不也大大提高了学生的理解能力，拓展了学生的理解空间吗？

在倾听儿童意见、重视孩子差异的条件之下，教育者不再囿于一孔之见、定于一家之言，课堂俨然成了多声部合奏曲。于是，《亡羊补牢》既可被解读为为时未晚，也可解读为追悔莫及；《滥竽充数》既可读出南郭先生之伪，也可读出齐王之智；《落花生》中未必只有花生代表理想的人生，苹果、石榴、桃子既好看又实用，才是尽善尽美……诸如此类的发现异彩纷呈。在这样的课堂中，童真、童趣、童心、童音处处皆是。它为儿童提供了一个无比自由而广阔的世界。同时，教育者也从中获得了心灵的感动、思想的冲击和智慧的启迪。

当然，保护童心的策略不只这些，其要旨在于“变成儿童”，秉具儿童的视野与眼光，能够设身处地、将心比心地站在儿童的立场看问题，与儿童心心相印。

眷注童心、保卫童年的课堂，能够让孩子体验到成长的快乐、生命的欣悦及学习的欢愉。每节课都是“小手直举、小眼发光、小脸发红、小口常开”，学生更为积极主动地参与课堂生活了，而语文学习渐渐成了学生每天的期待。这使我想起了这么一句话：“何谓儿童？看待儿童其实就是看待可能性，看待一个正在成长过程中的人。”如果我们在语文教学过程中将儿童看作至高无上的、唯一的、合理的目的，保护他们的好奇心、探索心、创造心，那么，语文将为他们的精神成长打下丰厚的基底，童心将为学生的一生发展和幸福生活奠基！

课堂教学中的思维灵性

语言与思维是合二为一、融为一体的。语言是思维的边界，思维通过语言才能纵横驰骋，语言通过思维才有声、色、光、热。在小学语文教学中，很多教师缺乏训练学生思维的意识与策略。这与我们传统的语文教学“混沌一体”的做法是有关联的。著名的学者罗家伦先生在《知识的责任》中批评我们中国人缺少思想的训练，处于一种思想的混沌状态，并且称：“这种混合是物理上的混合，而不是化学上的化合，上下古今，不分皂白，搅在一起，这就是中国思想混合的方式。但绝不能因此而放弃对思维的推究。”

一、课堂教学要注重思维的智慧含量

课堂教学应该注重智慧的启迪，然而有些教师提出问题时随心所欲，遇到什么问什么，没有精心设计，问题过多、过碎、过杂，在一些环节安排上缺乏深思熟虑与精心细致的考量。比如，有位教师上二年级的《葡萄沟》这一课时用猜谜的方式导课：“我们来猜个谜语吧！”然后电脑屏幕出示：藤儿青青，爬上架架，结了串串小珍珠，颗颗都能甜掉牙。孩子们几乎是不假思索地脱口而出：“葡萄！”一个环节便轻描淡写而过。教师才说半句话，学生们便知道了谜底，没有思维的强度与难度。设置猜谜这一环节，原意是激发孩子们的兴趣，然而，学生们不约而同、不假思索地揭开谜底。于是，原先的预设就形同虚设了。

对于思考这个问题，苏霍姆林斯基讲得十分深刻：“真正的学校应当是一个积极思考的王国。”经过冥思苦想后恍然大悟，如生命之花灿然绽放，学生会体会到学习的快乐。如果一个学生从未体验过思考的艰难与愉悦，那么，他就没有得到良好的教育。我们要不断地回味维果茨基的“最近发展区”理论，在教学中关注学生的智力生活，让学生经过认真的思考提升原有水平与技能，使其思维有冲击感、新鲜感，从而体验成功的快乐。

二、课堂教学要注重思维的完整性训练

世界是互相联系的整体。如果我们没有以整体思想来观摄，我们的认识就是片面的。语文课程标准特别强调要注重学生的整体把握能力，训练学生的整体性思维能力也是语文课堂教学的重心之一。但在一些课堂中，我们常常会遇到这方面的缺失。比如，一次语文教学观摩课，有位老师上的是《葡萄沟》（人教版语文第四册），她引导学生读准读好生字词且重点完成“正确流利地朗读课文”这一任务。到了课末，她进行范读并提出这样一个问题：“边听边想，课文讲了些什么？”教师读完后重复这个问题，全班学生迫不及待地举手并大声喊：“我、我！”教室里很是热闹。教师指名学生来说。“葡萄沟的水果多！”“葡萄沟的老乡热情好客！”“葡萄沟是个好地方！”“葡萄沟是个美丽的地方。”“葡萄沟的葡萄很有名。”“课文讲了葡萄沟的葡萄干是怎样做的。”“讲葡萄美。”其间，老师穿插一些“好”“你来”“还有吗”之类的话来过渡承接。最后教师来个大结局：“大家瞧，（出示已经写好的板书）水果多、葡萄美、葡萄干有名、老乡热情好客，葡萄沟真是个好地方！”

经过分析，我们就可能发现，课堂中学生各抒己见自然是好事，可读过全文多遍以后，学生们回答仍然是东一鳞西一爪。也许，老师为了扩大参与面，让更多的孩子有机会来发言，这是值得肯定的。课文讲了些什么，基本上是陈述性问题，不会有太多的“个性化”。学生们读过

课文多遍以后仍对文章主要内容不甚了了，恐怕就需要多加斟酌了，这说明学生的思维是片面的、散漫的、琐碎的、无组织的。其实，在学生们兴奋地说出只言片语时，教师如果能稍加引导："说得不错，看谁说得最完整！"学生们就会更加深入地去思考。如果教师经常这样去引导和训练学生的思维，学生就会养成认真思考的习惯，并形成思维的完整性。

三、课堂教学要注重思维的开拓性

在日常课堂教学生活中，教师常常进行单一的价值观念灌输，总是想引导学生"想教师之所想，做教师之所做"。如果从多元视角来观察、调整我们的课堂，我们就可能有某种省悟与理解。

在一次作文研讨课上，一位老师上的是《理想》。在课前，他让孩子去调查采访身边的人曾经有过的理想和现在的愿望，并由此说说自己的感受。应该说学生采访的结果是很丰富的，也让人很受触动。但老师归纳道："我们的爷爷奶奶、爸爸妈妈们的理想都很实在，没有海阔天空、不切实际。"然后他引导学生了解社会上的各行各业，并追问学生社会上的职业有没有高低贵贱之别。学生们心领神会地说："没有。"老师见一切尽在意料之中，就说："现在我们一起来分享一个故事：美国前总统林肯在当选之前与对手进行了竞职辩论演讲，对手攻击林肯的父亲是一个皮匠，而且大加耻笑。林肯神态自如地说：'对，我父亲是个鞋匠，但他是个优秀的鞋匠，人们穿上他做的鞋很舒服。如果我当上了总统，我要让我们的民众也像穿上我父亲做的鞋一样舒适。'你们看，林肯的父亲做个优秀的鞋匠也很光荣，职业没有高低贵贱之分。现在大家问问自己的心，你们自己心里有什么想法。"后来，这位老师请学生把自己的理想写黑板上，大部分学生写下了：当个普通的男人，当个普通的农民，做一个普通的好人，当祖国的兵……这位老师也大为赞赏，认为孩子们说的是实话。

我的感觉是这位老师对学生的引导过于片面了。理想就一定要平实吗？理想是什么？它应该是对未来生活的美好憧憬。对于教育而言，能给孩子一个光辉的梦想，这才是其终极目标所在。理想并非是要在地面上爬行，而是要在空中翱翔！心有多大，舞台就有多大；梦有多美，路就有多远！日本著名企业家松下老人在临终之前回顾自己的经历时说道："人生一定要有梦。"古今成大事者，都是有梦之人，无梦则无望，无望则生活无趣。实际上，人的理想越远大，他对社会作出的贡献就越重大。

那么，理想到底是什么？老师是否一开始就应该作单方面引导？难道理想真的只是"自古华山一条路"，就不许条条道路通罗马吗？理想难道不是"海阔凭鱼跃，天高任鸟飞"吗？为什么孩子们怎么"飞"也飞不高呢？就是老师一开始单方面的提示在起作用。能实现的就是理想，不能实现的就不叫理想。但是，在梦想未实现以前，一切还是未知数，谁敢肯定梦想能否实现？梦想自然有不能与不为的区别，但以不能来搪塞不为的大有人在。朱永新先生说，很少人能将自己的梦想坚持10年，更少人能将自己的梦想坚持20年，如果有人能将自己的梦坚持30年的，他绝对能够梦想成真！

回到那位老师讲的林肯的故事，我们就会发现，老师在引导孩子畅谈感受时，忽略了故事的另一半，也就是林肯。作为一个贫民的孩子，他居然敢去竞选总统，而且居然成了美国历史上伟大的总统，他有何等宏伟的理想啊！再想想周恩来青少年时期立下的志向——"为中华之崛起而读书"，真是"立大志、成大功"！难怪人们一直激励后人说："志当存高远。"因此，我们要鼓励学生"想大事、立大志、说大话"，即所谓"少年意气，慷慨文章"。在我们看来，喜欢思考大问题，包括人生、哲学的根本问题，这正是青少年思维的一个特点。初生牛犊不怕虎，什么事都敢想，什么话都敢说。正像青年时期的毛泽东所说："天下者，我们的天下；国家者，我们的国家；社会者，我们的社会，我们不说，谁说？""此时不狂，更待何时？"……大人物在青少年时期就有高远的眼光与博大的胸襟，这对他们今后的发展产生了重大而深远的影响。尊重多元的声音，尊重我们未知的世界与思想——这是对思维本身的尊重，对生命的尊重。

四、课堂教学要注重逆向思维的培养

在强调创新精神与创造意识的今天，批判性思维能力越来越凸显出其重要意义。而在传统教育中，听话与乖巧被追捧，叛逆与差异则被棒杀。批判性思维则是拒绝人云亦云，背离亦步亦趋，摒弃老生常谈。

而许多教师在教学中常常无意识地倾向于“一统天下”的思维——“是我所是，非我所非”。如在描写春天时，一律是春和景明、大唱颂歌，如果对春天有不一样的体验，一律格杀勿论。我曾读到一位六年级学生的作文《野草》，其中有这样一段话：“古今中外多少文人墨客对野草赞不绝口。如‘野火烧不尽，春风吹又生’，这是写野草的生命力顽强；如‘草长莺飞二月天，拂堤杨柳醉春烟’，描写绿草如茵，令人陶醉；鲁迅先生对野草也是歌颂有加。总之，野草代表不屈不挠的精神，是自由自在的象征，是努力与拼搏的标志。然而，我要诅咒野草，因为它包庇毒蛇与坏虫，野草丛中往往蚊蝇丛生；我要诅咒野草，它盘根错节，吸尽了肥料，使庄稼、果树缺乏营养而枯死；我要诅咒野草，它侵占了农作物的地盘，使良田成了荒芜一片……”

有位老师在《“诺曼底号”遇难记》的教学过程中询问哈尔威船长是怎样一个人物形象时，绝大多数学生都说哈尔威船长是一个临危不惧、刚毅果断、舍己救人的人……就在老师完成了预案准备结束这堂课时，有位学生却从另外的角度对这个问题进行了阐述。这位学生撇开了哈尔威船长的英雄形象，认为哈尔威船长是一个没有责任感的人。他说：“哈尔威船长自杀是为了躲避责任，文中说‘船上没有封舱用的防漏隔墙，救生圈也不够’，对于要在夜间行驶的船只来说，这些都是必备的措施，而哈尔威船长却没有想到这些，这是渎职。而且，哈尔威船长是有家庭的，他死了，那他的妻子和他的儿女们该怎么办？以后谁来照顾他们的生活？所以我认为哈尔威船长是一个懦夫，而不是英雄……”

这就是值得赞叹的批判性思维能力。如果我们在教学中能真心诚意地鼓励孩子们这样大胆地开拓，培养他们的批判性思维，那么，我们的语文教学生活绝对是流光溢彩、情趣盎然了。

课堂教学中的情感因素

课堂教学的丰富性不在于外部形式的多样化，而在于学生学习体验的丰富性与深刻性。我们常见的课堂教学基本上是单色调、单线条、单声调的。

其实，真正的学习体验是与学生的思维和情感波澜起伏、起承转合的。学习的快乐在于学习者经过深思熟虑、冥思苦想之后恍然大悟、豁然开朗。在学习的过程中，只有经历过学习的艰难，获得学习的顿悟，感受到智力的挑战与审美的愉悦，我们才有资格称我们探索到学习的快乐。我们在追求悦读的时候，常常是弃本逐末，变成了浮光掠影式的浅阅读。同时，课堂教学情调要与文本的情境相应和，否则就是不入情不入境，游离于文本之外。丰富的学习体验就是学习者的思绪随着文本深层情感的波动而涌动，而不是无动于衷，麻木不仁。

有些教师对文本内容缺乏深切的体验与感受，在课堂上只以一种情感基调来定位，忽视了文本内涵的丰富性。有位老师在上《伯牙绝弦》（六年级上册）这一课文时，始终以“成就一段超绝今古的友情佳话”为基调，以一种欣赏、怡悦的情调来处理这一文本。其实，文本情感是有一定波澜的，两个主人公由相识相知到死生相违的遗憾，情感在不断变化。老师怎能一笑到底呢？这里是一种凄婉、悲怆的情感，甚至是一种抱恨终天的遗憾。这期间，教师要引导学生用心去体验“从喜到憾到悲再到羡与敬……”的情感历程。

又如，有位老师在上老舍的《猫》（四年级上册）这一文时，引导学生学完全文后，说：“请大家用心地朗读这篇课文，注意读出喜爱之情!”确实，通篇文章流露出作者无时不在的喜爱之情。但是，是不是每一句话都是充满毫无变化的喜爱之情呢？对于猫的乖巧老实，老舍有的可能是又怜又爱之情；对于猫的勇敢、尽职，老舍有的可能是敬佩与赞赏之情；对于猫的贪玩与顽皮，老舍有的则可能是纵容与溺爱之情……此中怎一个“喜爱”了得？怎能用一种情感来涵盖呢？在日常教育教学中，许多老师都喜欢用这样一句话来引导学生朗读课文：“请大家用心地朗读这篇课文，注意读出××的感情！”这一引导语常常让学生们用一种单调的情感来朗读文本的每一句。如此做法，就是将丰富生动的文本情感单一化，学生的情感体验也将单一化。

《人民教育》的编辑施久铭老师提出，巴赫金有个文艺理论叫“复调”理论，如果把一堂语文课比作一曲完整的交响乐，那么它必然是由多声部构成的，而且声部之间是需要平衡的。在我看来，文本也是一部交响乐，师生与文本对话的过程就是体验交响乐的过程。正是如此，我们的课堂教学不能沿着一成不变、平铺直叙的基调来展开。“我们寻求的是展开更开放的、基于身心自然节奏的教学；展开犹如江河流淌般的教学——曲折起伏、平缓沉稳、湍急汹涌、游移不定。”（日本著名教育家佐藤学语）我们要倾心弹奏课堂教学中的情感复调，弹奏生命体验的复调。只有这样，我们的教学才能产生“引人入胜、发人深省、耐人寻味”的效果。

一、虚心涵泳，感受文本情感的立体性

人类的情感是丰富多彩的，也是变化莫测、难以捉摸的。虽然说“言不尽意”，有时候人类的微妙情意只能“意会不可言传”，但总体而言，文本在某种意义上负载着作者的情智才思，是作者情意状态的符号化。德国著名的文论家莱辛说：“替人类情感定普遍规律，从来就是最虚幻难凭的。情感和激情的网是既精微而又繁复的，连最严谨的思辨也很难能从其中很清楚地理出一条线索来，把它从错综复杂的牵连中一直理到底。就假定这是可能的，那又有什么用处呢？自然界从来就没有任

何一种单纯的情感，每一种情感都和成千的其他情感纠缠在一起，其中任何最细微的一种也会使基本情感完全发展变化，以至例外之外又有例外，结果那个所谓普遍规律就变成只是少数几个事例的经验。”这就意味着，文章中必然包含着跌宕起伏的错综交织的情感流。语文教学就是要引导学生深潜到作者的内心深处，深潜到文本内涵的深处，去触抚弥漫在字里行间的种种“情意”，去品嚼“文心”，达到所谓的“心与神游”的境地。然而，在日常教学中，常常是“追形而失质，袭貌而略神”，缺乏对文本丰富的情感世界的叩求，而且是简单地用一种笼统含糊的解说来代替真切的感受。语文教学的第一要义是让学生拥有丰富的心灵世界，拥有丰富的精神生活，拥有独一无二、不可复制的生命体验，让他们能够感受到动态的立体世界与人生风景。我们在教学时要注意引导学生体验文本的情感世界。

在教学《唯一的听众》时，有位老师通过首尾两个自然段对比来强化“我怎样从音乐白痴变为出色的小提琴演奏者”，并提出问题：“是谁给了作者动力呢？请同学们认真默读2～8自然段，想想从哪些地方能看出老妇人对作者的帮助，画出有关句子，写出自己的感受。开始!”接着学生进行交流。一个女生找出老妇人用语言来鼓励作者的句子：“是我打搅了你了吗？小伙子。不过，我每天早晨都在这儿坐一会儿。”老师问：“你读出了什么?”学生回答：“我感受到老人故意装聋作哑，鼓励作者无所顾忌地练琴。”老师说：“你真是老人的知音啊！好，请你用鼓励的语气来读一读。”这个女生读完后，老师再请一个男生来读。另一个学生找出了这个句子：“我猜想你一定拉得非常好，只可惜我的耳朵聋了。如果不介意我在场的话，请继续吧。”老师说：“你读出了什么?”学生说：“我读出了老人对作者的鼓励。”老师说：“好！那请你用鼓励的语气来读一读。”学生读完，老师评价道：“你读出了老人的良苦用心!”还有一个学生找出了这个句子：“也许我会用心去感受这音乐。我能做你的听众吗？就在每天早晨。”老师同样问道：“你读出了老人怎样的心思?”学生回答道：“我读出老人在无形中鼓励作者要不断地坚持练琴，每天早晨都练。”老师一听，微笑说：“不错，请读出老人的鼓励之情。”又一个学生找出了这个句子：“真不错。我的心已经感受到了。谢谢你，小伙子。”老师问：“感受到什么呢？”学生回答：“我读出，在老人的鼓励下，小伙子的琴艺不断地提高了。”一个学生补充说：“在老人的鼓励下，小伙子拉小提琴越来越有信心了。”老师高兴地说：“同学们读得真不错！请用鼓励与关爱的语气来读这个句子！”……在教学反思时，有位老师说这位教师是根据文章的内容与情感指导学生理解并有感情地朗读课文。

确实，这位老师也是在指导学生用感情朗读，但是，我总觉得这个过程过浅、过飘、过浮、过繁。是什么原因呢？就是对文本情感的挖掘不深、不透、不细、不精。那么，如何指导学生有感情地朗读课文呢？在不少课堂教学中，教师对有感情地朗读出课文的“感情”理解得过于狭隘、过于僵化。当然，一篇课文的感情有其“主色调”，但这并不意味着仅仅是“单色调”。对于上述教学案例，我们细细分析一下，老人主要是用一种关爱与鼓励的心态对作者说话的，但是，在具体的语境中，老人是带着怎样的语气来说话的呢？我们来看：（1）“是我打搅了你了吗？小伙子。不过，我每天早晨都在这儿坐一会儿。”（充满歉意，带着抱歉的语气）（2）“我猜想你一定拉得非常好，只可惜我的耳朵聋了。如果不介意我在场的话，请继续吧。”（遗憾的心情）（3）“也许我会用心去感受这音乐。我能做你的听众吗？就在每天早晨。”（诚恳，恳请的语气）（4）“真不错。我的心已经感受到了。谢谢你，小伙子。”（陶醉欣赏，赞美的语气）这样一分析，文本的情感就细致多了、丰厚多了。教学就有灵动的情韵在流淌，而不是僵化单调的“概念化”的情感。

德国著名的哲学家恩斯特·卡西尔在《人论》中谈到，艺术使我们看到的是人的灵魂最深沉和最多样化的运动，但是这些运动的形式、韵律、节奏是不能与任何单一情感状态同日而语的，我们在艺术中所感受到的不是哪种单纯的或单一的情感性质，而是生命本身的动态过程，是在相反的两极——欢乐与悲伤、希望与恐惧、狂喜与绝望——之间的持续摆动过程，使我们的情感赋有审美形式，也就是把它们变为自由而积极的状态。

一篇文章如同生命整体，充满着丰富的情感。它有其主要情感基调，但并不是由单一的情感组成的。阅读文本就是要忠实于原文，深刻而细腻地沉浸于文本丰富多彩的情感世界中，虚心涵泳，感受文本情感的立体性。

二、切己体察，探触生命体验的丰富性

文本的开放性、丰富性世界向读者的心灵敞开着。心灵世界往往充满着梦的萌动与想象力的冲动。心灵与文本相碰撞，就在缔构着无限的可能及虚拟而又真实的生命世界。在阅读过程中，不同的人都在召唤自己的知识背景、生活体验、生命况味、人生情怀等进入文辞的世界。从这种意义上讲，阅读与读者的生活与生命息息相关。著名美学家朱光潜先生在《谈美书简二种》中指出："一首诗作成之后，不是就变成个个读者的产业，使他可以坐享其成。它也好比一片自然风景，观赏者要拿自己的想象和情趣来交接它，才能有所得。他所得的深浅和他自己的想象与情趣成比例。读诗就是再作诗，一首诗的生命不是作者一个人所能维持住，也要读者帮忙才行。读者的想象和情感是生生不息的，一首诗的生命也就是生生不息的，它并非是一成不变的。一切艺术作品都是如此，没有创造就不能有欣赏。"由此，我们可以这样说，语文教学重要的使命就在于引导学生用自己生命的丰富性来探索文本情感的丰富性，用自己生命的独特性来体验文本情感的独特性。

在平常的教学中，许多教师往往对文本及体验的多样性方面比较淡漠。我们认同世界的多样性，尊重生命的多样性，必然也认同与尊重每个个体对文本体验的丰富性与独特性。学生的体验是千差万别的，企图用一种观点、一种想法来框限他们的情感体验的做法是愚不可及的。只有关注学生情感体验的多元化，才能促使语文课堂教学走向开放、师生

的心灵走向开放、师生的思想走向开放。

有一位教师上《我的战友邱少云》这一课，在学生学习邱少云烈火烧身这一段，体会“我”的内心感受时，教师问：“‘我’趴在邱少云的附近，看着朝夕相处的战友被熊熊烈火包围着，‘我’心情如何呢?”许多学生都认为“我”当时心情矛盾、焦急、痛苦、紧张。但是，其中有一位学生却说：“我觉得作者的心情很内疚，因为作者和邱少云是好朋友，平时两人肯定互帮互助，现在邱少云正处在生死关头，他却只能眼巴巴地看着邱少云，所以作者心里感到内疚。”相比之下，这位学生的情感体验与众不同，但这不同中却也是自有“合情合理”的地方。

山立学校的倪颖灵老师讲述了她上《十六年前的回忆》时设置的一个环节，即让学生们用一个字或一个词来表达自己读这篇课文的感受。不一会儿，学生纷纷在黑板上写下“悲、爱、忠、勇、痛、惨、敬”等。而在以往的课堂教学中，教师所要做的是，不管学生们有何感受、有何体验、有何想法，都要向他们灌输“赞扬了李大钊同志对革命事业的坚贞”这一类对孩子来说相对比较抽象与遥远的概念。显而易见，孩子们在黑板上写下的，就是自己对文本的真实感受。这里有孩子们心的触动、情的悸动、灵的涌动，因为他们从文本中读出了自己。

对学习内容的体验有如观九曲云水，如赏音乐，如读小说，其间有悲怆、烦恼、恐惧、怜悯、欣喜、欢呼雀跃……而这一过程就是心灵净化与精神提升的过程，使人产生审美的快乐与心灵的快慰。

在语文课堂教学中，教师要能够让学生用自己的情感与想象来交接文本中的情景，伸出灵敏的触须，展开内在的心眼，拥抱文本中的世界，在此过程中，自己对生活、人生、世界的种种体验才得以充分地展开。这样的阅读，才是属于生命的阅读，它是学生生命不断得到滋养、获得润泽的过程。

对学习内容的体验，后者则是对学习活动的体验。课堂教学中的笑声在某种程度上可以衡量学生精神生活的质量，是一个不言而喻的指标，这是苏联著名教育家阿莫纳什维利提出来的。我们需要澄清的是：体验到学习的快乐，并不意味着在课堂上自始至终是一片“娃哈哈”，而是追求一种思想的愉悦、心灵的舒适、成长的欢愉。课堂教学中要有“会心一笑，开怀大笑，忍俊不禁，眉开眼笑”，但不能流于“浅层化”“表面化”，仅仅是为笑而笑，而要笑得有内涵。

学习的过程如登泰山十八盘，其中伴随着艰难、困扰、畏惧、努力、振奋……而这之后就是一览众山小的阔大与阅尽人间春色的喜悦。我们要用科学的眼光来研究与了解学生学习的心理及情绪状态。有心理学家对学生上课时的情绪状态作了深入的研究并得出结论：一周中，周一、周二学生学习的情绪状态较好、效率高，周三开始下降；每天学习状态最佳的时间是上午第二三节课，较差的时间是下午第一节课；一节课中，学生情绪最佳的时间是上课后5～20分钟。一节课中，学生的学习心理经历了波谷到波峰起伏发展的五个时区：波谷（5分钟）——波峰（15分钟）——波谷（5分钟）——波峰（15分钟）——波谷（5分钟）。教师在教学安排时要契合学生学习的心理节奏，注意顺应学生学习的情绪规律，调整学生的学习状态，使他们获得快乐的、积极的情感体验。

要激发学生学习的内在动因，我们必须关注学生学习情感的高峰体验。智力体验的快乐在于什么呢？为什么我们的课堂教学一直处于萎靡不振、疲软乏味的状态呢？为什么学生在学习过程中一直处于被动麻木、毫无激情的状态呢？学习的真正动因在于学习本身能够带来快乐，而我们的课堂教学却常常没有让学生真切地体验到“从不知到知，从知之较少到知之较多，从知之较浅到知之较深”的学习过程。学生在学习过程中没有感受到智慧的挑战、思维的碰撞、思想的冲击，他们在学习过程中很少有过这样的时刻：为之冥思苦想，为之悄然凝思，为之坐立不安，为之通宵达旦地探求……其实，真正的学习必然历经丰富复杂的情感体验和磨砺。比如，发现新知时的好奇与惊异，遇到问题时的困惑与不安，思考时的千曲百折，分析时的纷杂烦乱，初次获得解决问题时的兴奋，推翻一个假设时的矛盾与沮丧，重新确立一个假设方案时的激越与心动……反反复复，推敲琢磨。

肖俊宇老师在《精彩，未曾预约》中谈到的课堂教学片段便让我深切地领受了“智慧产生快乐”！他写道：

我和孩子们的心一块儿在《揠苗助长》的寓言故事中时而撞击，时而徜徉。课，在酣畅淋漓地进行……忽然，小郝，一个平常不起眼的小男孩，缓缓地举起手来，他有些怯生生的，手举得并不高。“老师，田里应该有水的，可书上插图中的田是黄黄的，像是沙地，没水。”我一怔。哟，怎么回事？书上插图还真是旱地！我也疑惑了，我像是自言自语，又像是在询问学生：“是不是插图有问题？你真是一位敢于质疑的好孩子。”一石激起千层浪。片刻的沉默之后，学生议论开了。“对，没水，秧苗会旱死的。”“秧苗是几株合在一起插下去的，不是单株单株插的。再说，旱地里怎么能插呢？”“水田里的秧苗是成行成列的，不可能像图上这样混乱。”“插秧苗应该卷起裤腿，挽起袖子，我从没有看见过穿布鞋、袜子下田劳动的。”“我看图上的秧苗画得不像，像是玉米苗。”“不仅图画得不对，连课文也不对。”了不起！刚刚指责了“插图”，又对课文“吹毛求疵”了。有了前面的经验，为创设情境引发问题，我故作惊讶：“课文会有什么不对？”“‘一棵一棵’用得不好，应该用‘一株一株’。”“既然是禾苗，肯定很小，向上一拔，也只能高一点，不可能高一大截。”“是水田，禾苗拔一下，也不可能枯死。”“对，‘枯’字用得不好，最多是‘萎’了。”“我也认为是这么一回事，‘枯’是没有水分的，一折就断的，就一夜，在水田里不可能会这样的。”我顺水推舟，进一步启发：“既然图文有这么多问题，总不能让问题一直存在下去吧！”接着，我让孩子们讨论修改的方案，并给编辑老师提建议……

在这样的课堂生活中，学生们完全在进行着一种“智力搏斗”，与文本之间进行有理有据的辩驳，与同伴之间进行细致深入的交流，与教师之间进行真切实在的对话，享受到认知的快乐、交往的快乐、审美与审智的快乐。确实，在日常的语文教学中，我们要让学生感受到适度的疲劳，感受到因适度的“紧张思考”而带来的智力生活中健康的疲劳（苏霍姆林斯基语）。正如适当的体力劳动之后带来的无以名状的快适与舒心，适当的脑力劳动也会产生这样的感觉。

在日常教育教学中，教师对学生学习中的情感体验没有进行深入的剖析与研究，不是用浮华的情境、热闹的活动、繁多的课件淹没学习的本质，就是用一成不变的套路、刻板的“教学方法”来败坏学生学习的兴致，从而造成课堂教学缺乏内涵与趣味。学生真切的学习情感体验是滋养学生个体内心生活与智力生活的源泉，我们要通过激发学生的情感体验，拓展学生内在的心灵世界，让学生探触生命体验的丰富性。

教师的语言敏感力

语言是生命之酒，是精神的家园。那么，语言敏感力就是精神世界中高明的品尝家及建筑师。语言敏感力，是对综合语境中言词的精妙的表现力与生命力的一种洞察。对着钻石一般的语言，只有有吸收力的心灵才能领受其光辉。语文教育教学的本质是对心灵的探寻和自我精神世界的丰富。所以在语文教学中，我们要注意增强教师语言敏感力。

一、语言的敏感力意味着灵性与慧根的舒展

钱理群先生在《用文学经典滋养下一代》中写道："语言（说与写）是人的基本的存在方式，言说的背后是人的心灵世界。因此，对语言的敏感、驾驭能力，也应是衡量人的精神素质的重要标尺，是提高人的精神境界，使人变得更美好的不可或缺的方面。每一个言词都如金刚石一样内在地放射着光芒，只有敏感的心灵才能感受到其璀璨夺目的光华。"阿莫纳什维利指出，语言是心灵的摇篮，通过语言的路，我们才能重新澄澈与宁静。语文教育的终极目标就在于"立心"，让人生美好、更具有丰富的内涵！

语言敏感力是教师尤其是语文教师必不可少的专业素养。苏霍姆林斯基甚至认为，教师的课堂教学语言不当，如同在图画课上用图钉来代替削尖的铅笔来画画！教师的语言敏感力关涉到学生的语言发展与生命成长。我曾经读过这样一件轶事：1930 年，国立青岛大学入学考试成绩发布，一位 20 多岁的考生数学得了零分，他在作文中也只写了三句杂

感："人生永远追逐着幻光，但谁把幻光看成幻光，谁便沉入了无底的苦海。"按说，这位考生铁定无法录取。不过，他碰上了一位识货的主考人——文学院院长闻一多先生。闻先生从这三句杂感中发现了这位青年身上潜伏的才气，于是他被破格录取。果不其然，这位青年没有辜负闻先生的期望，他很快就发表了一首又一首新诗，并于1933年出版了轰动一时的诗集《烙印》。他就是后来誉满诗坛的臧克家。闻一多先生秉具与众不同的慧眼慧识，从未经雕琢的璞玉之中探索到美妙与光华。他从寥寥数语中发掘了一个文学天才，靠的就是阐幽发微的语言敏感力。

二、教师语言敏感力决定学生语言的品质

学生的写作（表达）水平受教师语言敏感力与专业判断力的影响是不可低估的。在许多课堂中，都会有一些教师拘于自己的语言习惯，囿于自己的思维方式，对学生们灵感突发、涌现而出的"绝妙好词"或听而不闻、或求全责备、或一笔抹杀。教师力求所谓的"中规中矩"，结果"理直气壮"地将孩子们极有生气、极有创意、极有新意的语言能力扼杀了。

有位老师通过出示北京天坛公园"柏抱槐"的图片引导学生们自由写作片段，并进行评讲。有位学生这样写："在北京天坛公园里，有一棵'柏抱槐'。它是由千年古柏和百年老槐合成的。它，样子奇特。其中，古柏被分成了五个，中间的是老槐树，看那郁郁葱葱的叶子，宛如一把大伞。它的生命力是多么顽强，它默默奉献着、奉献着，为人们带来了绿荫、带来了欢乐、带来了阴凉。"教师将这个片段投到屏幕上，让学生们来修改，请大家读读看，想想有什么修改的地方。很快，有位男生举手说："老师，古柏不能说是分为五个，应该是五瓣！"教师一愣，迟疑了一会儿说："树枝能不能用"瓣"来表示呢？"其他学生不约

而同地说："不能。"教师继续解释道："瓣通常是用来形容什么的呢？""橘子、花朵。""那么大家想想，应改为什么最合适呢？"那个说"瓣"的男生不好意思地坐下来。终于，有个学生嚷嚷："树枝可以说是分为五'杈'。"教师高兴地说："大家说对不对呢？""对！"孩子们异口同声地回答。课后，我追问那个说"瓣"的学生说："你为什么要用'瓣'字呢？"他搔搔头皮，说："其实，我觉得古柏裂为五部分，很像五个巨大的花瓣，也很像一瓣瓣香蕉皮！"我听了，在心里暗自为这个孩子丰富的想象力赞叹不已。

认真剖析，教师对学生写作及语言表达上的引导，经常是自以为是的误导。生硬、古板、索然无趣的作文大受追捧；跳跃、轻盈、风行水流的文风则被斥为野腔无调！在此环境下，学生的思维自然而然变得平庸、单调、乏味，作文千篇一律……只有灵性与智性的表达，才能培植表达的灵性与智性！

三、涵养教师的"语言嗅觉"，拓展学生的性灵空间

教师的语言敏感力是塑造学生心灵的最为有效的力量。教师的语言敏感性可以唤醒学生内在的精神世界，使学生获得生命的自由与富足。从某种意义上讲，词语教育是一种高贵的教育，它拥有无与伦比的心灵的魅力。苏霍姆林斯基在《给教师的一百条建议》中恳切地说："我觉得，对词的感觉、想用词来表达人的最细腻的内心活动的要求，这正是一个人的真正的文明的重要的源泉之一。"作为一名语文教师，更应该养护、培植学生对词语（语言）的珍爱之情、独特灵秀之感。其中，非常重要的一条就是，教师要站在儿童的立场上来理解儿童的思维与表达方式。

我曾听过这样一堂作文课，教师在屏幕上展示一名男生的作品片段（描写天坛的柏抱槐）："千年古柏和百年老槐，它们像是一对母子，妈

妈抱着自己的孩子，精心地呵护它、照顾它。我假想它的来历：在100年前，大地出现了异象，一道闪电打在千年古柏的身上，树干裂开了。后来，一只鸟儿嘴里咬着一颗种子飞来，把种子种在了千年古柏的怀里，就好似母子重逢。千年古柏便精心照顾它。百年老槐一天天长大，千年古柏包住了老槐。就被人们称为‘柏抱槐’。”待学生读完，教师请学生说说感受。不一会儿，一个戴眼镜的女生率先发言：“我发现，他用拟人的方法表达，读起来很生动有趣。”老师点点头。一个男生迫不及待地站起来说：“我发现这个句子中的‘咬’字应该改成‘衔’，小鸟怎么会咬呢?”“还可以换成‘叼’字。换成‘含’也行。”学生七嘴八舌。教师灵机一动，把问题给了文章的小作者，说：“你来说，为什么要用咬呢?”不料，那个男孩子说：“因为槐树的种子很大，小鸟的嘴小，不用力咬着就会掉下去的!”教师听了，赞叹不已道：“对，每一个用词都应该有作者自己的思想与生活体验!”这时一个小个子大声说；“这个句子中的‘种’应该改成‘落’。”他的话得到很多同学的附和，他也为自己的发现得意。于是老师发话：“把‘种’改成‘落’，是可以的。但用‘种’字把小鸟当作人来写，不是更富有情趣，更能给读者丰富的想象空间吗？要不要改，让作者决定，好吗?”老师的点评让学生们恍然大悟。老师对语言的敏感及教学机智也让听课者折服不已。坐在前排的一个女生犹豫了一下，怯生生地说：“我觉得‘百年老槐一天天长大’这个句子也要改一下，槐树是一天天长大，不能一下子就说百年老槐，改为槐树比较合适。”老师立即提笔修改，并非常肯定地说：“不是‘比较合适’，而是‘才合适’。你有一双慧眼!”还有什么比这话更让人激动的呢?

上述案例中，在教师的导引下，孩子们对语言的品析力被引爆出来了。他们真正是穿越了概念，直抵具形本身，我们惊异地看到孩子能够如此透彻地品嚼着词语的色彩、芬芳与美丽！尊重儿童的发现，尊重儿童的声音。在这样的前提之下，教师才能读懂孩子世界的秘密与意蕴，才能用生命的触须来领悟儿童语言的诗意和睿智。把自己当作孩子，把课堂生活当作自己童年生活的重现，将孩子的语言当作自己孩提时代心里流淌出的至真至纯的珍珠，我们就可以享受语言的韵味。透过朴实无华甚至是有点拙笨的表达，我们依然能聆受人类初朴真趣及天籁之音。意大利诗人洛利斯·马拉古齐写了一首诗——《其实有一百》："孩子是由一百组成的。孩子有一百种语言，一百只手，一百个念头，一百种思考问题的方式，还有一百种聆听的方式，惊讶和爱慕的方式。一百种欢乐，去歌唱，去理解；一百个世界，去探索，去发现；一百个世界，去发明；一百个世界，去梦想。孩子有一百种语言，一百、一百、再一百，但被偷走了九十九……"孩子的语言确实是丰富多彩的，有时简直是不可思议。所以，我们为师者须注意不要去"偷走了九十九种"，否则，只能等着痛心疾首、摇头长叹"孩子的想象力被谁偷走了"！

课堂教学的针对性

余文森教授在20多年的中小学课堂观察与诊断中发现，在传统教学中，教师不管三七二十一，采用全面系统的方式教，面面俱到。而这是导致教学低效、无效最根本的原因所在。正是漫无边际、漫无目的的“系统性与完整性”教学，造成课堂教学资源的最大浪费。针对性教学，其意蕴是非常丰富的，它是实现有效教学的重要途径。那么，小学语文课堂如何实现有针对性的教学呢?

一、教学要有明确的目标

课堂教学必须有明确的目标，否则必将导致劳而无功。缺乏明晰的教学目标的课堂教学如脱缰的野马，没有方向，漫无边际；如同汪洋大海中迷失航标的小船，随波逐浪，无处归泊。这样的教学必然造成一系列的混乱与困惑。俄国著名的教育家乌申斯基指出：“如果一位教育工作者不能明确说出他的教育活动的目的，那就跟一个建筑师在为一座新建筑奠基时还不知道要建筑什么东西一样，令人不可理解。”因此，在课堂教学中，教师不但要有明确的目标指向，而且要以此来作为教学中的“指南针”与“风向标”。确定教学目标时，我们应当全面考虑，将教育目标与课程目标相结合，不能以狭隘的目光来制订课堂教学目标，把它浅化、窄化、小化。如果这样，就往往会使教学形式化、片面化。对于语文教学而言，有些教师认为“情感、态度、价值观”是隐性目标，可以不重视，只要抓好语言文字的训练就万事大吉了。另一种情况也是屡见不鲜，就是教师对某篇课文的教学目标产生误解、定位不明。语文教学目标具有开放性，不少教师不好把握，因此他们以为可以随心所欲地教。

我曾经在一次教学观摩中看到，有位教师在上《丑小鸭》时，在教学设计中制订了这样的教学目标：(1)认知目标：会认 14 个生字，读准字音，识记字形，将词语的理解与课文内容相结合；(2)能力目标：正确、流利、有感情地朗读课文，积累好词佳句，培养他们的朗读能力；(3)情感目标：使儿童初步懂得要从小善待他人、互相尊重。整节课教师就是围绕这几个目标进行教学。

认真审视这几个教学目标，我们要追问：第二个目标是重词语还是重内容？在二年级童话学习目标中较重要的是“理解故事的大意”，但是教师遗漏了。尤其重要的是，《丑小鸭》这篇课文的主要意义在于让孩子明白丑小鸭历经生命的磨难，体验到丑小鸭面对苦难的心情，理解丑小鸭不放弃梦想，最后实现了理想。然而，教师制订的第三个目标与课文的主旨有相当大的距离。

美国著名教育家布鲁姆提出：“有效教学始于准确地知道希望到达的目标是什么。”我们要眺望教育教学的远方，同时，要清晰地明了我们的教学要给学生带来什么，即通过这样的学习，学生在知识、能力、思想方面能得到怎样的提高。只有目标明确，才能保证高效与优质的教学。

二、了知学情

美国著名的心理学家奥苏伯尔关于学习心理学原理的一句话堪称经典：“假如让我把全部教育心理学仅仅归结为一条原理的话，那么，我将一言以蔽之：影响学生学习新知的唯一最重要的因素，就是学习者已经知道了什么，要探明这一点，并应据此进行教学。”教育教学的重要基础确实就是“学习者已经知道了什么”，但“唯一最重要的因素”并不意味着是影响教育教学的全部因素。可惜，在教育教学过程中，我们许多研究者及教师对此的理解是有失偏颇的，他们认为教育教学要考虑的仅仅就是学习者已经知道了什么。其实，在教学之前我们也要考究学生的兴趣爱好、学习能力、学习思维方式以及容易受什么干扰……即要从知、情、意、行等方面全方位去考虑。就如苏联著名的教育学家巴班斯基提出的，我们要研究的是学习者的“可能性学习”或“学习的可能性”。

曾经听一位老师上《麻雀》（第八册）一课，其中有这样一个环节：教师让学生自己默读课文并想想这篇课文是按什么顺序来写的。班级里的学生们一起嚷嚷起来：“事情发展顺序!”老师打断学生的话说：“还没看怎么就知道是事情发展顺序?”等学生们粗略地看了一遍课文后，教师说：“课文按什么顺序来写呢?”然后指名回答。一个梳着小辫子的女孩子站起来大声说是“事情发展顺序”。话音未落，教师又打断话：“看黑板，课文按什么顺序来写?（1）地点；（2）时间；（3）事情发展。那么你选择哪一个呢?”小女孩有点不耐烦地说“选第三个”。

在这样的教学场景中，学生不走神，学生不厌学，学生不对教师充满反感，那真是一种奇迹。

课堂应是学生学习的场所，而不是老师讲习的地方。在课堂教学中，老师要善于体察与分析学生的学习水平、知识背景、兴趣爱好等，而不是不管学生知不知道、喜不喜欢，一味地按照自己的思路去教学。比如，《观潮》这一篇课文，生活在海边和时常看到潮涨潮落的学生与从未见过大海的学生，他们的体验与感受就不一样，因此在教学中就不可能按统一方式对他们进行统一要求，并强求达到统一的学习目标。

正所谓因材施教。王阳明先生在《传习录》中提出：“圣人教人，不是个束缚他通做一般，只如狂者便从狂处成就他，狷者便从狷处成就他，人之才气如何同得?”而在实际教学中，经常会出现这种情况：老师布置了作业，接着在课堂中巡查，他不会考虑到有些孩子已经完成了，正端端正正地举手，眼巴巴地等待老师来检查或指导下一环节的学习任务，而是依然不紧不慢地按照自己的节律从第一组学生开始巡查，而那些还没做好的学生，却比较害怕老师“打扰”。这固然有大班教学的问题，也有学生学习主动性及积极性不足的问题，但很大一部分原因就在于教师没有针对学生的学情来教学。

《学会生存》中指出：“大多数的教育体系，无论在它的机制方面还是在它的精神方面，都不把个人看作具有特性的人……每一个学习者的确是一个非常具体的人。他有他自己的历史，这个历史是不能和任何别人的历史混淆的。他有他自己的个性，这种个性随着年龄的增长而越来越被一个由许多因素组成的复合体所决定。这个复合体是由生物的、生理的、地理的、社会的、经济的、文化的和职业的因素所组成的，而这些方面对于每一个人来说，都是各不相同的。当我们决定教育的最终目的、内容和方法时，我们又如何能够不考虑这一点呢?”

从理论上讲，教学是针对课堂中的每一位学生的，愿望是美好的，但却是难以实现。只能退而求其次，也就是针对大部分学生的学情。这时，处于两端的学生常常被忽略了，无法得到细致入微的关注。面对这种情况，我们首先应该是针对“后行者”，其次是针对“先行者”，真正做到“补差培优，和谐共进”。

三、把握重难点

课堂教学会受到特定的时空限制，虽然有时我们可以打通课堂与课外的界线，但是我们不可能将时间无限延伸到课堂教学之外。这就意味着教学不能漫天撒网，因为点多面大就费时费力，就会造成主次不分、轻重不明。正所谓“模模糊糊一大片，清清楚楚一条线”，如果这也要教，那也要讲，往往会使语文教学变得泛而无边。如此一来，教师教得不堪其苦，学生学得不堪其烦。因此，我们必须对具体的课堂教学目标深思熟虑，结合具体的教学内容，针对教学中的重点及学生学习中的难点，有的放矢地进行教学。教学中的重点往往就是学生学习的难点，只有针对重难点来教学，才能做到提纲挈领、纲举目张。

有位老师在教《小音乐家扬科》这一节课时，提出这样一个问题："小音乐家扬科的悲惨命运是什么造成的?"学生们居然异口同声地说："是因为小扬科太爱音乐了，所以他被害死了。"本来，老师的目的是让学生学完这篇课文之后分析波兰封建社会的黑暗及劳动人民的悲苦生活。可是，学生们居然还是认为"爱音乐是扬科之死的原因"，这显然是与课堂教学的预设大相径庭的。面对这种状况，理解小扬科死亡的深层原因就是教学难点了。那么，教师就要思考如何来解决并突破这一难点。而这位教师偏偏善于迂回曲折地进行包抄："那么，我们班的同学有没有太爱音乐或太爱画画的，却遇到这样悲惨的结局呢?"学生们若有所思。一会儿，大家纷纷说："没有啊！大部分家长还很鼓励孩子们培养自己的兴趣爱好与特长啊！可是，偏偏小扬科就是因爱音乐而死亡，这是为什么?"于是，教师就引导学生们边读、边想、边讨论，整节课的教学重心就在品词析句中更深入地理解"小扬科悲惨命运的根源所在"。

针对教学的重难点来组织教学活动，必须对学生的学习情况洞若观火，特别是能够分析课堂学习中学生的思维图式是什么，在哪里发生短路，在学生的"现有发展区"与"最近发展区"之间，有哪些知识、能力、情意状态需要教师的引导、调整、提醒，有哪些是需要学生自己独立尝试、同伴合作、全班交流的……这些教师要尽可能地考虑到，并在此基础上做到"重点突出，难点突破"。这样的教学就能够做到"四两拨千斤"，起到事半功倍的作用。

四、给课堂"生长"的时空

教师不能无视学生的千差万别、学情的千变万化、思维与情感的千姿百态，不能一味地以一成不变的思想按部就班地进行教学。这样做的结果必然使原本生动活泼、情韵动人、理性迸发、智慧闪烁、趣味横生的课堂生活变得索然乏味、缺乏生机活力。教育教学中许多有价值、有意义的生成性资源，有待于教师去发现并加以利用。英国著名的课程论专家斯腾豪斯称："教育即引导儿童进入知识之中的过程，教育成功的程度即是它所导致的学生不可预期的行为结果增加的程度。"这就需要教育教学机智。

有位老师在讲读古诗《忆江南》时的一个小小的插曲，使我们真切地体会到了生成的价值。

生：（齐读）日出江花红胜火，春来江水绿如蓝。

生：老师，江花是什么花？（众生笑，议论声起，大多数学生是笑这位同学幼稚）

师：别笑，老师小时候第一次读这首诗时也有同样的问题。大家说说，江花是一种什么花？

生：江花不是一种花的名字，它是指江岸边的野花。

生：我有不同的意见，我觉得江花是指江里的浪花。（班里议论，很快就分成两派）

师：好，既然有不同的意见，请给我一个理由。

生：江里的浪花怎能是红色的呢？只有江岸边长红花才合理呀！

生：课文插图里画的也是江两岸的红花。

生：这一句的意思是说，江岸红花似火，江中绿水如蓝。这是多么美的景色啊，所以作者不会忘记。

生：不对，江花就是指江里的浪花，因为诗中有"日出"两个字。太阳初升，霞光映照，江里的浪花也变成了火红的一片。

生：这两句话是说，日出时霞光映红了江里的浪花，浪花像火一样红，江水又变成了像草那样的绿色，一江两景，使人难忘。（学生争论，互相不服输）

师：啊，同学们说得真好！确实，这两种景色无论看到哪一种，都会令人终生难忘。可惜老师没有亲身去江南感受过，不好下结论。我想留下这个问题，我们以后有机会到江南去解决。但是，那"江花胜火，江水如蓝”的美景，老师现在可不想错过，让我们再来朗读一遍，好吗？……

确实，如这位教师所说的，文本解析中常常出现不同的见解，这是学生个性化阅读的真实反映。这时候，适当地给课堂“留白”，当比作硬性结论的“彩绘”效果要好。在这个案例中，“‘江花’是什么花”这个问题本身已不再重要，重要的是孩子的发散性思维得到了尊重。事实上，这个问题也一直萦绕在孩子们的脑海中，虽然课文结束后大多数学生趋向于“江岸红花”的答案，但教师还是没有给出最后的结论。给课堂一些“生长”的时间与空间，让学生在自己的心灵里留下一抹美丽的颜色，又何尝不可呢？

教师只有善于从课堂教学中挖掘并利用“生成资源”，才可能把教学引向更丰富、更深入、更有效的境地。

江水如蓝”的美景，老师现在可不想错过，让我们再来朗读一遍，好吗？……

确实，如这位教师所说的，文本解析中常常出现不同的见解，这是学生个性化阅读的真实反映。这时候，适当地给课堂“留白”，当比作硬性结论的“彩绘”效果要好。在这个案例中，“‘江花’是什么花”这个问题本身已不再重要，重要的是孩子的发散性思维得到了尊重。事实上，这个问题也一直萦绕在孩子们的脑海中，虽然课文结束后大多数学生趋向于“江岸红花”的答案，但教师还是没有给出最后的结论。给课堂一些“生长”的时间与空间，让学生在自己的心灵里留下一抹美丽的颜色，又何尝不可呢？

教师只有善于从课堂教学中挖掘并利用“生成资源”，才可能把教学引向更丰富、更深入、更有效的境地。

图书在版编目（CIP）数据

有效课堂观察：小学语文/林高明著．—南京：江苏教育出版社，2012.11

ISBN 978-7-5499-2430-1

Ⅰ.①有… Ⅱ.①林… Ⅲ.①小学语文课—课堂教学—教学研究 Ⅳ.①G623.202

中国版本图书馆CIP数据核字（2012）第249055号

书　　名 有效课堂观察：小学语文
作　　者 林高明
责任编辑 林　琬　李　平
出版发行 凤凰出版传媒集团
凤凰出版传媒股份有限公司
江苏教育出版社（南京市湖南路1号A楼　邮编210009）
苏教网址 http：//www.1088.com.cn
集团网址 http：//www.ppm.cn
照　　排 润星之源文化有限公司
印　　刷 三河市华润印刷有限公司
厂　　址 三河市杨庄镇杨庄村
开　　本 787毫米×1092毫米　1/16
印　　张 15
字　　数 216千字
版　　次 2012年11月第1版　2012年11月第1次印刷
书　　号 ISBN 978-7-5499-2430-1
定　　价 30.00元
邮购电话 025-85406265,85400774　短信　02585420909
E - mail jsep@vip.163.com
盗版举报 025-83658837

凤凰出版传媒股份有限公司
PHOENIX PUBLISHING & MEDIA,INC.

大教育书馆
ESSENTIAL EDUCATION SERIES

小学语文

有效课堂观察

YOUXIAO KETANG GUANCHA

上架建议：教育类 教师用书

ISBN 978-7-5499-2430-1

9 787549 924301 >

定价：30.00元